三 层 防 线

华为审计监管体系纪实

主 编 吴术渊

生活·讀書·新知 三联书店

Copyright © 2025 by SDX Joint Publishing Company.
All Rights Reserved.
本作品版权由生活·读书·新知三联书店所有。
未经许可，不得翻印。

图书在版编目（CIP）数据

三层防线：华为审计监管体系纪实 / 吴术渊主编 . --
北京：生活·读书·新知三联书店, 2025.1. -- （华
为系列故事）. -- ISBN 978-7-108-07899-5

Ⅰ. F632.765.3

中国国家版本馆 CIP 数据核字第 2024ZZ8824 号

策　　划	知行文化
责任编辑	朱利国　马　翀
装帧设计	陶建胜
责任印制	卢　岳
出版发行	生活·讀書·新知 三联书店 （北京市东城区美术馆东街22号）
网　　址	www.sdxjpc.com
邮　　编	100010
经　　销	新华书店
印　　刷	天津裕同印刷有限公司
版　　次	2025年1月北京第1版 2025年1月北京第1次印刷
开　　本	635毫米×965毫米 1/16　印张 16
字　　数	166千字　图14幅
印　　数	00,001—10,000册
定　　价	46.00元

（印装查询：010-64002715；邮购查询：010-84010542）

蓬生麻中,不扶而直——「荀子·劝学」

人生攒满了回忆就是幸福——任正非

目录

华为监管的三层防线(序) ·················· 吴术渊　001

 引入IBM的内控体系和IIA(国际内审师协会)风险"三层防线"　001

 "三层防线"在华为全面落地　006

有效发挥第三层防线的作用和价值 ·················· 吴术渊　018

 全面规划、开展打分审计,助力内控建设,促进主官/主管当责　018

 坚持反腐、反造假的审计调查,守住底线,建立冷威慑　022

 开展一把手任期审计,导向自律、求真、当责　024

 与时俱进,拥抱数字化变革　026

合力迈向内控基本满意 ·················· 黄　霞　李　荔　028

 削足适履:穿上IBM鞋　028

起步即飞跃　031

　　徘徊与进步　035

　　解决最后一公里——走向基本满意　038

让人人感到自然的干部任期审计……王克祥　邓丰义　胡　蓉　林　健　043

　　把权力关在"笼子"里，保护干部、保护公司　044

　　积跬步以至千里，积小流以成江海　045

　　干部监管是对干部最大的爱护　051

　　守底线强威慑，严惩重大违规不动摇　055

　　举一纲而万目张，约束边界，聚焦重点　058

不让堡垒从内部攻破………………莫　军　王德荣　李　猛　062

　　干部腐败危害大，公司绝不允许高层干部腐化　064

　　意识薄弱，被合作方拉下马　066

　　勿以恶小而为之　068

　　监守自盗，伸手必被捉　070

　　保护公司无形资产，任重道远　071

　　遵从当地法律，提升全球的起诉、司法能力　072

我们不需要虚假的繁荣…………严中园　杨杏玲　王润生　赵　明　075

　　严查管控漏洞，确保业务真实　076

　　公司重申反对造假，员工申报轻装上阵　078

　　反对业务造假已深入人心，但依然任重道远　080

守护

——网络安全审计的故事…………………………曹　宇　赖柳娟　083

　　从一份声明说起　083

你们懂网络安全吗　084

　　为产品安全保驾护航　087

　　优等生曾经也不达标　088

　　业务不再害怕审计，审计亦是老师　091

深入业务查风险，助力风控新"起航"
——企业业务内审实践 ………………………………… 王　康　093

　　给扬帆起航的企业BG打了一针"镇定剂"　093

　　企业审计初期体验的"苦恼"　095

　　走进企业江湖，探究风险拼图，揭示内控严峻状况　097

　　牵引三层防线形成合力，开启企业内控新航程　101

　　后记：一次难得的训战经验　105

读懂终端业务看风险，贴近管理做审计
——终端业务内审实践 ……………………………… 王述伟　107

　　沉下去，读懂终端业务，动态识别风险　108

　　走出去，了解行业规则　111

　　确认第三方费用真实性　113

　　钻进去，识别新业务流程盲区　114

　　项目群运作，一个问题，一类解决　116

　　管理互动，共建内控场　118

　　科学精准反腐，遏制规模腐败　123

财经流程内控之所见 …………………………………… 于立帅　127

　　资金安全是红线　128

　　对准财报真实，促进财报内控提升　130

　　依法纳税是公司对税务管理的最基本要求　133

以查促建，研发内控持续提升 ………………………… 赵　明　136

　　新物料选型，防范技术变现　138

　　实物安全，关注风险变化　141

　　外包合作，回归业务本质　144

　　费用支出，符合授权和导向　147

阳光之下无死角 ……………………………………… 孙化石　151

　　敬畏规则与对结果负责　152

　　规则控制不了所有风险　155

　　紧跟业务发展，感知业务动态　157

　　采购监管不放松　159

深耕后勤业务审计，保障"粮草先行" ……… 杨新证　文　源　黄森华　160

　　风险导向的华为基建审计实例　162

　　保障"粮草安全"的行政后勤服务审计　167

世界很大，我们一起走过 ………………………… 黄万能　杨杏玲　172

　　探索篇　172

　　建设篇　176

　　提升篇　181

　　挑战篇　186

因为热爱，所以选择 ……………… 余才盛　廖湘琴　王　涵　王少石　190

　　追逐梦想的光　190

　　心在一艺，其艺必工；心在一职，其职必举　194

　　执着担当，于逆境见柔韧　199

　　一次机缘巧合的转身　204

惟变所出，万变不从
——建设"以多产粮食为中心"的内审变革记············周树平　赖柳娟　210
　　渐进优化，还是变革？　210
　　冷威慑，还是"多产粮"？　212
　　内外求索，畅想变革蓝图　214
　　风险导向　216
　　"天空之眼"　219

从单兵作战到支撑群体作战·······················李海平　王润生　222
　　从"海平法"到"武林秘笈"　222
　　为业务健康发展保驾护航　227

数字化、智能化审计新篇章································
··········张文昊　邓一达　戴　斌　江功镁　孙化石　叶郑彦　董　为　232
　　打通权限和数据的权限通道，构建审计数字"黑土地"　233
　　聚焦主业务场景，垄高畦低种好菜　236
　　从"百花齐放"到"乐高积木"，标准化建模组合应用　239
　　火眼金睛、不用休息的"审计机器人"　242
　　我们还在路上　244

华为监管的三层防线（序）

吴术渊

监管是华为公司治理的重要内容，做好监管能防腐败、促经营、利出一孔，确保公司长治久安和高质量快速发展。

引入 IBM 的内控体系和 IIA（国际内审师协会）风险"三层防线"

2007 年开始，华为请 IBM 做顾问指导公司内控体系建设，以合理确保公司资金资产安全、财务报告真实可靠、法律法规的遵从、有效控制运营风险以及提高业务运作效率和效益，从而帮助公司实现既定的目标。通过穿"IBM 鞋"、不打补丁的变革和十多年的不懈努力，持续建设内控框架和三线运作机制，华为从混乱走向规范，逐渐构筑起公司安全有效的监管体系。

2013 年，华为进一步明确了监管体系中的"三层防线"理念。当时在错综复杂的商业环境下，跨国企业面临多变的经营风险，普遍设置了多种风险及内控管理的职能和岗位，包括内

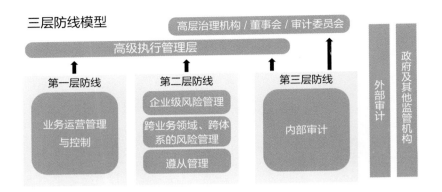

资料来源：优化自欧盟内部审计师协会联盟合会（ECIIA）及欧洲风险管理协会联合会（FERMA）发布的《对"欧盟第8号公司法指令第41条"的指导意见》。

审、企业风险管理ERM、内控、质量稽查和舞弊调查等。但对于一个全球性企业来说，公司更大的挑战是如何科学地设计和区分好各个职能的角色，防止出现各个职能均未覆盖的业务，或各个职能之间出现范围重复或冲突的现象，实现更有效监管。

来自公司最高层的持续有效支持，是三层防线的基础，是企业风险统筹管理和取得良好效果的必要保障。

三层防线中的每一层都会扮演独特的角色，虽然公司的董事会或高级执行管理层（如华为EMT）并没有在三层防线中的任何一层中承担角色，但任何关于风险管理和内控的讨论和决策都离不开这些高层的参与。他们在组织中的高级角色天然决定了他们能有效帮助三层防线模型在风险管理和内控工作中取得良好的效率及效果，有效定义企业或组织的经营目标、制定实现目标的战略，并设计和建立治理架构和流程来尽可能地管理影响企业实现经营目标的风险。

因此，来自高层治理机构和高级执行管理层的持续有效支持是三层防线模型有效发挥作用的重要保障。

第一层防线：首席行政官负责制，业务运营管理者承担风险和管控的天然直接职责

作为三层防线中的第一层，业务管理者包括各业务首席负责人和子公司CEO（首席执行官）、CFO（首席财务官），对风险以及风险管理承担着直接的职责。他们负责内控及风险管理动作在业务日常运作中的有效实施，承担着识别、评估、控制和处理风险、对内部政策和流程的执行进行监督、保证各项措施对企业或组织经营目标进行有效支撑的职责。

运营管理层之所以被定义为三层防线模型中的第一层，是因为内控和风险管控的机制是天然被设计和嵌入他们所管辖的业务、系统或流程中的，只有业务管理者才能真正在业务和流程中去有效执行管控动作，以及发现可能的控制缺失、流程缺陷以及其他不可预期的风险事件。这一层不丰满、没有组织和制度支撑其应有职责的话，整个风险管理和管控体系将失去稳定的根基。

第二层防线：内控和风险管理组织，是主官的参谋和助手，专注第一层防线无法解决的跨流程、跨业务的风险及内控难点

在理想的状况下，也许仅有业务运营管理层这个第一层防

线也可以有效管理企业内控和风险，但在现实情况下，单层防线往往是不充分的。因此，企业往往会建立各种关于风险管理以及内控的相关职能或委员会，来支撑第一层防线有效管理内控和风险，典型的第二层防线职能包括：

○ 企业内控和风险管理职能：负责促进和监督企业内控和风险管理架构、措施在组织中被业务运营管理层有效落地，协助内控、流程和风险的责任人建立风险偏好标准、识别风险敞口，并及时、充分地将相关信息报告给组织的适当层级。

○ 公司各类跨部门、跨业务、跨流程的重要风险管理委员会，往往由各相关业务的高级主管定期坐在一起召开圆桌会议，解决第一层防线过滤出的重要问题。

第二层防线的根本目标有两个：一是监督第一层防线的管控责任结果，审视其管控设计是否合理、执行是否有效和运作是否正常；二是补充第一层防线限于部门墙、组织地位、影响力等原因不能解决的问题。

第三层防线：内部审计站好管控体系最后一班岗，独立威慑、合理评估

一个专业高效的内部审计职能是企业有效治理的必然要求，内部审计基于自身高度的独立性和客观性，可以给公司提供综合的独立鉴证意见，一是通过持续对第一层、第二层管控

责任结果的审计保持他们的警惕性和管控责任结果落实；二是一支高效的审计队伍本身就是对前端业务的一种威慑，保证整个组织在内控和风险管理上始终"不松弦""不掉劲"。

当然，内部审计对公司治理的支撑有效性取决于一些重要的先决条件，尤其是培养其高度的独立性和专业性，与国际公认的内部审计准则匹配，向企业或组织内有充分权力执行其职责的高层管理机构报告，拥有向高级治理机构及时有效报告的渠道和机制等。

三层防线体系的核心理念和各层之间的关联与协作

企业或组织中存在三层各自分离且又有清晰定位的防线组织时，内控和风险管理将实现最优的效果。综合来看，一个有效的三层防线架构有如下几个特点。

（一）责任重心在前：第一层业务／流程 Owner（责任人）承担内控和风险管理的责任、预算，同时依据管控结果接受奖惩。

（二）持续保持层次：角色上分层"负责—统筹—评估"，独立性上区分"非独立—半独立统筹—独立威慑"。

（三）效率优先、保持活力：一层管理日常风险，二层防控关键高风险，辅以三层评估和威慑。

从这样的角度来审视华为公司的内控和风险管理框架，发现存在整合、协同、增效的空间。如何在华为构筑一个高效的风险管理和内控三层防线呢？

"三层防线"在华为全面落地

2007年,从IFS(集成财经服务)变革的BC&IA(业务控制与内审)子项目开始,华为坚定地打造整个监管体系。在最初的现状分析中,IBM顾问提出华为迫切需要建立内控框架制度并深化内控文化,如果没有这个基石,其他流程变革也将是"空中楼阁"。经过2008年内控管理制度的详细设计、2009年夯实,2010年基本上完成了内控框架的推行,逐步建立起华为的内控架构、全球流程管理体系,打造内控的"三层防线"。

在此基础上,2013年通过建立IIA内控与风险的"三层防线"清晰定义了华为各类监管组织的定位和职责。尤为重要的是,这更加强调了作为第一层防线的业务管理者/流程Owner是内控

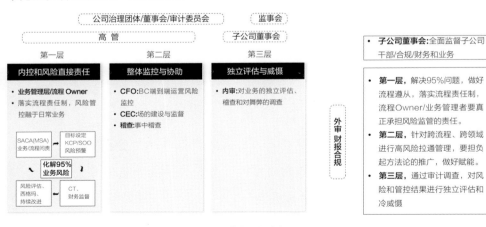

华为监控体系框架:"三层防线"

2014年9月26日,EMT评审通过了公司的"三层防线"监控体系框架

和风险管理的第一责任人。2014年1月,华为正式发布"三层防线"模型,依照模型定位对处于各层防线的监管组织和人员进行重构。

树立正向的高层基调和诚信文化是内控环境建设的关键

企业内控制度能够有效实施并长久地发挥作用,最重要的是营造并保持良好的"内控环境",其关键是建立一种内控文化和风险管理意识。华为公司在三十多年的发展中,持续反对贪污、反对浪费、反对财报/业绩造假、反对假公济私、反对高级干部腐化,坚持利出一孔的原则。这种文化代代相传、生生不息。

为了防止腐败可能掏空公司的现象发生,早在2005年,华为最高管理层——经营管理团队(EMT)成立不久,任总(任正非,华为公司CEO)将团队拉到远离公司的地方,郑重地开了第一次EMT民主生活会。会上大家达成共识——"没有什么能阻挡我们前进的步伐,唯有我们内部的惰怠与腐败",并讨论了公司清理关联供应商的政策,制定了EMT自律宣言。这次会议成为华为启动反腐败、反惰怠的标志。

2006年,从EMT成员开始实行主动申报和清理关联供应商:2个月内4名EMT成员进行了申报,公司与这类关联供应商全部解除了合作关系。高层率先清理后,自EMT向下,各级主管和员工全面开展了关联供应商申报和清退工作,截至2007年,共确认、清理关联供应商120家。从此,关联供应商成了华为公司采购管理的一条"红线",无论谁有关联关系,只有两条出路：要么清退有关联关系的供应商，要么从华为离职且停止和华为公司的业务往来。

2007年审计公司EMT成员的费用，严格检查有没有非因公的旅游、购物、酒店、餐饮和交通等费用发生。对照公司制度，一单单去查、去确认。最后审计发现了几个问题涉及几万元，其中绝大部分都是差错，比如公司有个政策，出差要7天以上才能报销洗衣费，结果查出来任总在日本出差5天却报销了400多元的洗衣费。报告一一做了披露，高层多报的金额均主动挂到备用金退回，个别还做了检讨。"我们对EMT成员审计的目的，是避免各下级部门不正确的迎来送往的事情发生。……我们的干部要聚焦在工作上、在客户服务上、在创造价值上。"从此，高管费用审计成了华为内审部的例行工作。

2007年9月，在两百多名中高级干部的见证下，华为公司EMT成员集体举起右手庄严宣誓："……我们必须廉洁正气、奋发图强、励精图治，带领公司冲过未来征程上的暗礁险滩。我们决不允许'上梁不正下梁歪'，绝不允许'堡垒从内部攻破'。我们将坚决履行以上承诺，并接受公司审计和全体员工的监督。"EMT宣言，表明了公司从最高层到所有骨干层的全部收入，只能来源于华为的工资、奖励、分红及其他福利。

公司道德遵从CEC（道德遵从委员会）/OEC（道德遵从办公室）据此开始分层组织宣誓。经过各大体系、各BG（华为的产业经营单元）、各区域/代表处上千场的宣誓，自律要求层层传递到每个部门、每位干部及公司20万名员工。几年后，《华为员工商业行为准则》（BCG）出台，从上至下、从老员工到刚入职的新员工，需专门学习答题、每年回顾自身 BCG 的执行情况并签署下一年的承诺。这些机制例行化运作起来以后，摒弃私心杂念、聚焦工作创造价值的理念，在公司内部不断潜移默化、深入人心。

内部控制措施不一定能控制住所有风险，但内控文化却能让企业形成主动的风险防御意识。任总很早就意识到"堡垒都是从内部攻破的"，内控问题带来的腐败滋生，可能会吞噬整个企业的生命。因此通过高管自律宣誓、清理关联关系、干部工作作风（干部八条）宣誓和自我批判等一系列行为，任总身体力行地践行着高层基调与文化，明确"什么可为和什么不可为"。从高层开始治理，将内控文化真正融入企业文化和价值观中，使之成为公司多年来保持战斗力的制胜法宝。

治理层监管机构（监事会、董事会／审计委员会）及高级管理层对公司整体监管负最终责任

监事会是华为公司的最高监督机构，代表股东行使对公司的监督权，对董事会成员和公司高管进行监督。监事会在流程之外管监督。

华为 2008 年成立审计委员会筹备组，2011 年正式成立新董事会下的审计委员会。按照 IBM 的内控实践，发布《审计委员会章程》，确立审计委员会作为治理层，履行内部控制的监督职责，包括对内控体系、内外部审计、公司流程以及法律法规和商业行为准则遵从的监督，管理集团监管制度的成文不受原

有制度的限制,审计委员会重新起草了华为的《内控管理制度》,发布内控框架,重新梳理《华为员工商业行为准则》,重点是建立公司良好的内控环境,其中包括:打造"高管基调",强调内控的重要性,明确业务管理层/流程Owner是内控的第一责任人,并将内控设计和执行的有效性纳入各级管理者的PBC(个人绩效承诺)指标中进行考核等。通过这些机制,公司形成组织化、制度化的监管三层防线。

2013年成立子公司监督型董事会,将有过一线成功经验的"将军"们任命为"子公司董事",其独特价值和战略意义是代表公司在一线对内、对外合规进行实地综合监管,作为督战队把问题反映出来,不干预一线业务运作,也不帮他们掩盖问题;

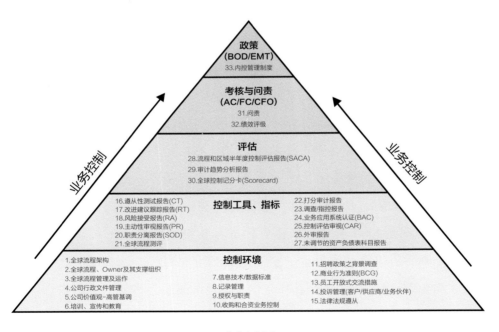

华为内控框架

三层防线:华为审计监管体系纪实

可以进行安抚，有推荐优秀干部的权力，有弹劾干部的责任；目的是攻上"上甘岭"，支撑千亿美元业务体量时实现授权前移。

EMT作为公司高级管理层，是整个公司内控达成满意的最终责任人。通过强调内控的重要性，建立并不断完善内控环境，对公司所有的业务实施有效内控。

第一层防线：实行主官/主管负责制，业务主管/流程Owner是监管的第一责任人，要解决95%的问题

监管融于业务，控制基于流程，在业务经营/流程运作中控制风险，实行流程责任制，是最重要的防线。公司监管的主要精力投入把第一层防线建设好：实施全球流程负责制（Global Process Ownership），流程Owner的监管责任是保证全球流程的一致性和适用性；主官对业务真实、行权规范、经营有效和数据真实负责，既有规范性又有灵活性，响应不同的客户服务需要，真正承担起内控责任。

在学习IBM内控体系的过程中，华为意识到与IBM内控体系最大的差距是缺乏全球流程和全球流程管理体系。这一步看似容易，实际上华为探索了八年。

IBM所提出的全球流程对华为来说是一个全新的课题，全球流程使IBM可以实现同一业务用同一标准来完成内控的测评，并可以很方便地进行横向的比较和总体的分析。各流程均有一个统一的流程高级责任人，对整个流程效率和控制有效性负责。流程设计或执行中出现的问题，可以很清楚地定位责任

人并有利于改进。

当时的华为没有"统一流程"的概念，每个业务管理者都可以定义发布自己的流程。一方面各部门与各地区根据自身的业务需要，建立了众多重复或类似的流程，难以实现全球统一；另一方面，在关键的业务领域，却缺乏恰当的流程来支撑业务执行和运转（如当时缺乏管理机会点），给业务执行带来很大困难。根据顾问调研，2007年年底华为共有大大小小3000多个"流程"，这个现象让顾问和管理层都十分惊讶。而全球流程这个概念刚开始遭到很多业务管理者的反对：原先有流程管理权力的人失去了这个权力，流程管理的权力将集中到全球流程责任人的身上；还有不少业务管理者认为，流程应该是流程管理部的事情。以上种种误区和争议，注定了2008年是不平凡的一年。经过与战略&MKT、研发、销售服务、供应、人力资源、财经等领域利益关系人进行多轮沟通，公司业务管理层意识到流程内控机制建立的重要性，并逐渐获得了利益关系人的支持。终于在2008年年底，华为首次面向公司业务搭建相应的全球流程架构，发布了41个端到端全球流程，并任命了相应的流程Owner。这些Owner都是公司各大体系的一把手，交付总裁、供应链总裁、研发总裁分别是工程交付、ISC、IPD的全球流程Owner，地区部交付的一把手是区域交付流程Owner、国家交付主管则是该国交付流程的Owner，全球实施统一的制度和流程。这样一来，业务不是各自为政，而是由全球流程统一管理起来，"全流程"解决端到端的问题，"全球"解决不同区域共通的问题。

由此可知，华为建立面向全球业务的内控体系难度有多大，因此没有捷径可走，必须从最具挑战的控制环境各要素开始，自下而上地建立、自上而下地贯彻这一体系。

各级主官/主管规范行权，自律、求真、当责，内控管理是承担好综合经营责任的基本要求。内控管理按一定权重进入各级主官/主管的考核，强调主官内控建设以及结果的责任，业务主管在执行操作中承担操作正确和不要违规的责任，迈出了与绩效挂钩、指标牵引的第一步。同时，公司制定相应的问责机制。比如做了什么、会有什么相应的问责措施，问责及处分不只限于下面的责任人，还要处分主管这项业务的高级负责人，这使责任进一步落到了管理层及高级管理者头上。然后，在选拔干部时进行资源池的资格管理，想当"将军"，回到"资源池"备用时参加内控考试认证，考得好，给一个机会上"战场"作战；作战回来，从中评价和选拔干部，就这样干部螺旋式"洗澡"，把既能带团队创造业绩又善于监管的优秀人才"洗"上来，接管代表处、接管总部。通过考核、问责和选拔等一系列机制转换，和"管好自己、管好内控、管好下属"的岗位责任制，主官/主管对综合经营结果担负最终的责任。

资金和账务中央集权管理，组织开展独立控制，忠实记录业务交易，守护资金资产安全。公司从成立不久就强调收付款和资金的重要性。全球化以后，公司明确了资金和账务的中央集权管理，负责起收付款作业和账务处理，保障资金收付准确、资金资产安全、数据真实可靠，基于交易流水和处理规则，在作业过程中实时监管，进行文档检查、数据校验、对账等，形成统一的数据仓库。业务不碰钱，把收进来的账和支出透明给主官，给各组织提供事实准确的数据，真实记录收入和支出。

第二层防线：稽查和 BC 是主官 / 主管的参谋和助手，建内控、"事中"监督和赋能，防止政策在执行过程中的不遵从

BC 组织建立和维护公司内控框架，协助各业务领域开展内控建设。IBM 重点帮助华为建立了这个职能，主要是协助管理者建立和维护良好的内控环境，提供内控专业方法，帮助在业务流程中建立 KCP（Key Control Point，关键控制点）、SOD（Separation of Duty，职责分离），采取 CT/SACA（Compliance Testing/Semi-Annual Control Assessment，遵从性测试 / 半年度控制评估）、PR（Proactive Review，主动性审视）的方式开展自检，跟踪第一层负责人的问题解决情况，让改进形成闭环。BC 组织人员只有少部分留在总部，大部分配置在全球的流程线、业务 / 区域线（Line BC），以便于协助流程 Owner/ 业务管理者承担内控职责，建立并完善整个内控系统。

稽查围绕事中管理，及时纠偏、实时支撑，负责在清晰的"成文法"下帮助主官科学合理地使用权力。从 2011 年开始，公司陆续成立了工程稽查、采购稽查、行政稽查和基建稽查，在 BG 成立企业稽查、消费者业务稽查。这意味着在各块业务开展过程中就能及时发现并组织问题的解决。稽查体系聚焦事中，是业务主管的帮手，而业务主管仍是管理的责任人，稽查体系是要帮助业务主管成熟地管理好自己的业务，发现问题、推动问题改进、有效闭环问题。同时，稽查体系提供该业务可能的问题和正确执行的方法培训，相关关键岗位的干部参加监管的封闭实战类培训，或直接进到稽查部锻炼，工作一段时间赋能了就上前线，大量补充、循环和培养干部。稽查是在事中抽查，形成遵从流程、不作假的威慑。通过训战结合，主管学会去正确地做事、做正确的事。以制度、流程、授权为蓝本，支撑主官规范行权，不滥权、不越权；以业务需求、实际场景为输入，科学灵活地寻找行权方案，不僵化、不教条、不刻板，在保障业务主官正确行权、不违规的同时，提供灵活机动的管理弹性。

稽查是业务的合作伙伴，是流程Owner和业务主官的助手，属于业务体系，不是司法体系。业务主官的监管能力和方法可能还不够，稽查要给主官进行辅导和帮助，不仅是要提升他们的监管能力，让主官都知道监管的方法，也要在关键事情上拍拍他的肩膀。这样我们就会少走弯路，公司就会多产"粮食"。

因此，稽查和内控是在帮助业务完成流程化作业的过程中实现监管，作为二层防线的专业部门在协助业务/代表处建立清晰合理规则的同时，对准四个工作方向发力，即业务真实，关注业务造假问题，管住费用造假、数据造假等问题；实质遵从，围绕着代表处的作业范围，对实际的遵从情况进行评估，识别问题并及时实质改进；行权规范，不仅保障主管不越权、不滥权，程序规范，更要支撑代表处科学合理、灵活机动地行权；数据透明，包括经营数据，也包括对支撑规范行权的业务记录、支撑合理决策的业务信息等，即让业务快速跑起来的时候不失去监管。

而针对公司级、跨流程跨领域的高风险，则由华为 EMT、IRB（研发投资委员会）、网络安全和隐私保护委员会等机构组成的高层委员会进行拉通管理。

第三层防线：内部审计，负责事后独立检查、评估和有效威慑，在一个框架范围内，保障"作战部队"英勇作战，不出大的问题，最终保证华为这列火车在正确轨道上行驶

内审是独立、客观、公正的第三层防线，发挥独立监督作用，围绕高风险建威慑、促规则明确、促责任落实、促诚信建设，为业务健康发展保驾护航：对公司内控体系开展独立评估，牵引业务管理改进；对舞弊和违反《华为员工商业行为准则》（BCG）指控开展独立调查，形成威慑。第一层防线要把绝大部分工作做完，但他们可能有疏漏，所以要由第三层防线监督，并不是第一层做得一塌糊涂，而要后面依靠审计。通过对疏漏的检查，一是建立威慑，二是修补漏洞，还可以请外部机构来检修"堤坝"。

坚持两个原则：一是事后审计，二是宽严有度。事前不干预业务运作，对风险管控结果、违规行为进行事后审查。同时，审计基于无罪推定，公司坚持查处分离的原则，严格调查、宽大处理，对违反 BCG 的贪腐行为，严格调查取证，并按程序移送司法处理；对工作中的失误，听取业务的意见和解释，是合理的就关闭了，不过度问责。审计对准业务全流程，围绕着业务活动的点、线、面开展全流程的事后独立监督。"点"是对合同与交易的真实性进行查证，"线"是评估流程控制的有效性，"面"是全面评估代表处的经营真实与控制有效，确保业务重大风险不遗漏、查深查透。一边让作战队伍跑得快，一边不脱离监管，业务与监管同步发展。

IBM的三层防线，使华为从混乱走向有序，也为我们向基层作战单元全授权打下了基础。商业组织的最终目的是商业成功，公司坚持"三层防线"不动摇：通过监管团结更多的人，让大家自觉远离贪腐，放下包袱，冲上"上甘岭"，千军万马上战场；让全球业务和100多个"小华为"充满活力，在制度的轨道上自由运作，让符合业务价值创造本质的监管产生长久的生命力。

本书沿着向IBM学习监管体系、"三层防线如何在华为贯彻落实"的主线，着重于内审如何覆盖华为全球业务，包括各业务BG/BU、各区域和子公司，从审计打分评估、干部任期审计、反贪腐这三大职能切入，以促进干部自律当责、业务与监管有效协同、全员反腐败，来充分发挥第三层防线的价值。同时本书集结了许多内审同事亲身经历的专业成长故事及奋斗的足迹，一群默默无闻的内审人，坚守在第三层防线，守护着公司的价值。

（本书编者根据公司内部文件/文章整理而成）

有效发挥第三层防线的作用和价值

吴术渊

过去十几年，公司以诚信经营为基调，筚路蓝缕，从无到有建立起全球流程体系，使全球不断扩张的业务有一个相对一致的管理要求和标准；同时在监管上建立三层防线，使监管融入业务，避免"两张皮"。这样一方面支撑了公司在全球的横向快速扩张，另一方面也比较有效地防范了运营、财务和腐败等风险。内审部是三层防线的最后一道防线，发现问题和风险始终是审计组织的核心职责，但审计组织如何深入流程和业务去发现公司运作的问题并推动解决，充分发挥独立检查、评估和有效威慑作用，强化责任落实呢？

全面规划、开展打分审计，助力内控建设，促进主官/主管当责

2007年对内审来说是一个分水岭，BC&IA（业务控制与内审）变革作为IFS（集成财经服务项目）的重要子项目，由IBM顾问来全面指导。众所周知，这个领域学习和承接的正是郭士纳当年上任接管IBM后，用它来进行变革扭转颓势，帮助战略落地，让IBM再次辉煌的管理之"道"。

这次变革使得内部审计作为第三层防线独立监督的定位和职责更加明确，而我们学习IBM的历程才刚刚开始。当时部门约有40人的规模，主要围绕任总指示的全球交付业务在做业务审计工作，包括工程采购、供应和交付服务，审计结果得到了公司的认可。大家在高兴的同时也发现一个问题：如果领导哪天不发话了，审计该怎么办、系统的方法论是什么。那时正值变革项目被提上议程，BC&IA变革简直就是引领内审长期发展的"及时雨"。

IBM派了顾问Joe指导审计工作，跳出业务看业务，用打分审计对各业务BG、各代表处的风险管理水平进行独立评价，使得一层防线的内控与风险管理状况可以进行横向和纵向同比，给予改进的压力，找到问题的根因，发现一个问题，解决一类问题。这个变化使得内审工作迈上了一个新台阶。

首先，内审部面向所有业务做风险分析，总揽全局制定审计规划。内审不是公司领导指哪儿打哪儿，而是将所有业务纳入审计范围，统一分格后结合七大要素做高、中、低风险分析，以每年年底开展整体高层访谈的机制来替代领导的临时要求。这样就变成了主动系统完整地做规划和专业分析，对关键问题和风险既有针对性又不遗漏。

其次，内审独立评估各业务单元内控水平，通过打分审计，落实管理责任。审计不仅要查执行的问题，更要看管理机制是否有效，发现问题后单单处理一个执行层员工是没有意义的，换成另外的人，他同样会出错。如果打分结果不满意，这块业务的管理者和相应的流程责任人就要到审计委员会进行述职，多次不满意则可能面临被弹劾，这样责任就落到了管理层的身上，再加上持续的跟踪改进，就有了内控和不断改进的长效机制。

在组织结构上，跟上公司向全球扩展业务的步伐，内审组织延伸到区域一线。为了保持独立性，区域内审组织由总部派驻，属中央集权管理，人员定期轮换。这样内审部就能更好地贴近业务一线，对驻外机构进行独立评价和监督，更迅速及时地推动业务改进，形成了全球监督的"一张网"。

可以看出，全面规划和打分审计使得全公司上下对内控管理有了共同的语言。这不就给了审计一个最好的支点吗？2008年下半年开始，集中所有人力，铺开对公司/区域/代表处业务做了27个打分审计。之后，审计人员东征西战，开始了全球的征程，三年间采购、交付、供应链、销售、财经等领域的"9+4"高风险流程，把海外70多个代表处都覆盖了一轮。建设之初，内控风险和问题比比皆是，内控成熟度大多处于"不满意"的状态，业务明显感受到了改进的压力，内控建设在摸索中前进。

2012年至2015年，运营商业务处于大发展时期，内控逐步进入"略不满意"的状态，企业BG因通过渠道销售，给业务真实性的管理增加了极大的难度，而终端BG的内控建设才开始起步。那时候，在审计工作中成长起来的主管们，带领审计人员在各BG及其承载业务的各区域/代表处摸爬滚打，及时发现和揭示业绩造假、合同质量管控不力、渠道真实性不高、采购绕过审批以及跨流程老大难等诸多机制及执行上存在的问题，并推动业务不断改进。

而且，这个时期区域业务场景复杂和差异化大，组织和人员快速增加，一线干部对流程建设和内控意识的理解和重视参差不齐，随后IFS变革全球流程的概念及公司政策牵引、三层防线在海外区域推广和落地，2008年至2009年，内审人员被派往国内和海外六大片区常驻，开展三年一轮的打分审计覆盖。"区域一把手是内控第一责任人，承担识别及管理业务过程中95%的风险"的理念，就这样潜移默化，在深入一线作战指挥员的意识中，这些"将军"边打仗边转身，成长为在各个国家子公司把控风险、对综合经营结果负责的总经理。

在这个阶段，审计委员会要求内控"不满意"的责任人述职、对内控作假进行弹劾，被安排述职的有相应的流程Owner、地区部总裁和大代表处代表，其中有几位代表主要因业绩造假、越权绕过审批等遭到了弹劾。

这个闭环管理机制，使得全球业务管理者和流程Owner都意识到，内控建设不能只停留在表面，如果内控作假或不作为，是随时会丢了岗位的。这样，我们就在"点"上形成威慑，沿着流程"线"和区域/业务的"面"落实责任，撬动各方形成合力，打造良好的内控环境，形成监管体系建设的"场"，建设"点、线、面、场"立体化的监管体系。

经过前期的摸索和建设，财经内控经审计委员会向公司提议设定内控满意的目标，2015年4月EMT决议，公司要在2017年达成内控"基本满意"（60%）目标，吹响了公司内控满意的冲锋号。一旦形成目标，公司各业务部门的执行力真是杠杠的，目前运营商BG、企业BG、终端BG等业务和区域95%以上单位，经过打分审计验证达到了内控满意，而云计算、车BU等新业务刚起步就设定好达成满意的路标。公司从上到下都已形成共识，一边让"作战队伍"跑得快，一边要加强监管，业务与监管同步发展。

坚持反腐、反造假的审计调查，守住底线，建立冷威慑

华为公司在三十多年的发展中，持续反对贪污，反对财报／业绩造假，反对假公济私，反对高级干部腐化，反对浪费，坚持"利出一孔"的原则。

在IBM顾问Dennis的帮助下，公司自2008年开始在内审部成立调查处，对员工贪污受贿、业绩造假这类损害公司利益，违反《华为员工商业行为准则》的行为进行调查，并建立起从线索收集、决策、调查到处理的闭环流程，引入了科学的调查方法，确定了不同部门在舞弊调查中的职责，建立了反腐败的立体防控体系。

涉及对"人"的工作，必须合法和有规则约束，因此，公司不断掌握并复制IBM反腐方法，形成华为遏制员工腐败的一整套框架和规范：

○ 建立公司统一的投诉邮箱，道德遵从委员会开展全员的BCG教育，将涉及职务侵占、贪污受贿、业绩造假等舞弊行为的投诉转给内审；

○ 立项是由HR、道德遵从委员会、内审部、纪律监察委员会、法务部组成ARB立项委员会，共同严格审慎地进行审批；

○ 内审部按照国际上规范的对内部贪腐的调查流程，承接开展调查取证工作；

○ 设置查处分离原则，建立纪律与监察委员会和制定公司行政处罚制度、标准，根据内审报告进行相应的处理；

○ 重申和强调对贪污腐败行为坚定地与司法对齐，由法务部门将损公肥私的贪污人员移送司法处理。

华为在170多个国家和地区开展业务，建立全球协同的反舞弊能力成为重点。遵守各国当地的法律法规是第一要务。在实际工作中，内审与法务、HR、OEC等形成团队，共同协作。某些海外员工因职务侵占、个人受贿等证据确凿，被公司开除并记入诚信档案，情节严重的还被移送司法机关。在海外某代表处，一名中方行政主管利用职权吃拿卡要和受贿，损害公司利益，经过取证、举证，当地警方受理后，最终由当地法院判定×年监禁，成为中方员工贪腐的海外首例司法案件。某个区域的终端负责人，通过给销售渠道大量留利，自己参与分成获利几百万元，将销售产品手机大量滞留在渠道，第二年冲抵后订货和利润双负，当事人知晓事情败露后就一直躲在国外，司法追逃过程极其跌宕起伏，半年后其在国内被判服刑。类似的司法案件都在全公司及时进行多批次的宣教，形成了强大的反贪腐威慑效果。

同时，各类业绩造假、内控作假行为也是公司坚决反对的。2014年内审查实的某代表处造假案，推动公司处理了一批相关责任人，任总签发了EMT《关于对业务造假行为处理原则的决议》，推动全球范围内业务造假的申报和整改，在公司范围内引起了极大的反响和触动，业务部门纷纷彻查和改进。

公司在查处腐败坚守底线的同时，提倡"宽严并济"的原则，也给其"改过自新"的机会，员工可以通过自我申报放下包袱，未来通过努力工作，获得更好的回报、更多的机会。允许员工改正错误，走回创造价值获取合理回报的正道，这体现出公司的胸怀。

对于合作伙伴，公司强调内外共治、诚信合作的政策。除查处典型采购、职务侵占行为外，公司还查处、移送司法机关一些营销采购受贿、留利渠道员工分钱等案件，借此再次强化了对供应商和渠道商的廉洁诚信协议要求。在公司与合作伙伴召开交流大会时，合作伙伴纷纷反馈并不喜欢搞所谓的潜规则，大家都愿意与华为公开、公平、公正地做生意。

就这样，公司通过价值牵引、诚信教育以及对违法行为的司法威慑并举，避免因为某些个人的贪婪葬送整个公司，帮助公司沿着既定的政策方针和流程正确前行。审计的作用是建立威慑，尤其是针对腐败、针对违反公司"红线"、长期不改进的现象，守住底线。

开展一把手任期审计，导向自律、求真、当责

高层管理者严于律己，这是在华为早期就树立并一直践行的基调和导向。2013年,公司又以"穷奢致极欲,极欲必败亡"为主题,发布了《华为公司改进作风的八条要求》,被称为"干部八条",成为各级管理者规范自己的行为准则。

2015年,任总要求"贯彻干部的离任审计,任职期间一两次的抽查制度,使人人感到自然"。2016年经董事会批准,内审部开始对五个综合经济岗位序列(地区部总裁、代表处代表、小国主管、地区部终端部长、代表处终端部长)共超过200个岗位进行例行离任审计。2020年,又增加了5个岗位(消费者云服务部总裁、终端芯片业务部总裁、Cloud BU总裁、智能汽车解决方案BU总裁、国内研究所所长),重点审计销售、采购、合作、费用、资产、AT(行政管理团队)行权、业绩真实等方面,牵引的是自律、求真、当责。可以看出,在华为,权力越大,监督越严。

任总强调,监管体系一定是善于妥协的系统,敢于做"右派",与人为善。对干部的离任和在任审计,其实就是在关怀爱护干部。从这些年的干部任期审计结果来看,公司业务经营的一把手是一群有能力、有冲劲,能带领大家在各条战线创造业绩的主官,在公司诚信、积极向上的良好环境中产生了正向价值观,大部分干部都经得起审计;对某些干部犯的一些小错误给予及时提醒,如采购、合作、AT行权的规范性不够,对下属的费用管理不严等,强化自律守规意识,更重要的是避免以后犯大错误。当然也发现少数干部存在严重违规行为,如业绩造假、第二职业等,对此内审部提交审计委员会,发起内审弹劾动议。

公司通过"以客户为中心"的价值创造、以责任贡献大小为基础的价值评价，以及股权、机会、奖金、工资的长中短期激励相结合的价值分配体系，使得通过努力作出贡献而获得的利益更大，再通过持续的牵引和监管，上下各级管理者以身作则、自觉维护公司利益就成为必然了。

与时俱进，拥抱数字化变革

信息化、数字化让公司的管理更加高效，2016 年，内审确定了风险导向、数字化审计变革方向。部门组建起 Back Office（BO，后台），购买了数据分析系统进行对接；BO 的领域专家们将传承下来的专业风险识别方法写进程序；开始全天候风险扫描，大大减少了内控死角；同时，改变了人拉肩扛、项目期间天天加班到深夜的状况。据统计，采取无接触审计方式后，平均 1 个项目减少了 Front Office（FO，前台）4 人周的当地外勤时间，也意味着减少了这么多的业务配合量。更重要的是，这些为即将到来的自动、持续、过滤式审计打下了坚实的基础。

伴随华为业务飞速发展到千亿美元级，监管体系的建设也日臻完善。但在面临外界极度打压的当今，公司围绕核心通信技术，重新布局运营商、企业、消费者业务和海外结构，并涌现出更多的新 BU（业务单元）、新军团，来面对业务多元化的强大竞争挑战，更好地服务更多的客户；同时向管理要效益，在一整套管理平台上，将经营过程和结果全面数字化。2022 年公司发文提出了审计前移到代表处、产业子公司和军团，从威慑式、阶段性审计走向对数据及报告质量、运营风险的过滤式、连续性审计，不留死角，实时审计、实时改进的要求。这是配合集团将经营权充分下放，各产业/军团、各子公司、各代表处快速应对市场、满足客户需求、自主决策、自主经营，各显神通；同时，基于各业务单位真实的经营数据，只汇集上一层的大数据，有利于集团做更为长远的战略决策。这样对于审计数据系统对接与自动风险分析、人员实时合同审结、经营分析看大账，以及新风险点识别的能力，都有了新的、更高的专业要求；审计镜像业务经营的组织布局也会有很多变化。在这个新的历史环境下，监管始终围绕价值创造的本质与时俱进，大数据下非接触式监督以及自动、持续审计，未来可期。

任总在指导内审工作时指出，内审要坚持两个原则：一是事后审计，二是宽严有度。审计就是在一个框架范围内，保障"作战部队"英勇作战，不要出大的问题，最终保证华为这列火车在正确的轨道上行驶。内审作为最后一道防线，被赋予了新的使命：要站在公司的最高利益上承担责任，成为公司长期价值不可或缺的守护者，也要对关爱员工承担责任，成为"公司长期商业成功核心价值的守护者、信任文化的建设者"。回想负责内审工作的十余年，一支坚持原则、实事求是的队伍，在各BG、各区域的全球实践中逐步成熟和专业化。同时，关怀、宽容和团结他人，坚定、平和、开放、妥协，把握好原则性和灵活方法的度，实现监管与业务的良好融合，更是内审人坚持不懈的追求。

合力迈向内控基本满意

黄　霞　李　荔

削足适履：穿上 IBM 鞋

2007 年，在华为总部的总裁办公区，时不时会有两三个年轻的审计人员结伴而来。这些年轻人就是承担审计变革落地的历史开拓者，他们要找的就是公司 IFS（集成财经服务）变革 BC&IA（内控 & 内审）子项目的 IBM 顾问。这场变革始于 2007 年，审计作为整个内控框架的重要组成部分，开启了"穿 IBM 鞋"的历史进程，在华为，这被称为"审计 1.0"。

那么，这场变革给审计带来了什么、改变了什么？站在今天，回望过去，最重要的是其带来了"评估确认"（Assurance）的概念，从查单个问题到评估一定范围内业务的管控状况，审计学会了如何专业地发挥价值。

时间再回到 2006 年。这一年，内审部已经是有三十多人的部门了。年初任总对审计要审什么没有具体的要求，大家都急坏了。还好任总在第二季度指示要对全球的交付业务进行全面审计，大家松了口气，终于有活干了。但干完这个又干什么呢？

关于干什么的问题，变革的解决方案是风险评估和年度规划。把公司的业务按一定的颗粒度划分成格子，对这些格子依据其规模、业务场景和业务复杂度等因素进行风险评估，高风险的格子重点覆盖，其他的保持一定的覆盖频度。根据以上覆盖规则，每年要做什么一目了然，甚至第二年要做什么也是大致有数的。有了这一套方法和机制，审计全年的工作有目标、有计划，即使有承诺完成的目标压力，比起以往的迷茫和困境，仍然是踏实许多的。

关于具体怎么干的问题，主要依靠通用审计流程，以及这个流程里的模板和审计程序。对此 IBM 也提供了全套的解决方案。

培训和研讨搞了一次又一次，通用审计流程推行小组和顾问给大家讲新流程，讲怎么进行风险分析、怎么沟通确认问题、怎么写报告……印象最深刻的就是输出 Datasheet（DS，信息确认表）。

DS 是一个全新的概念，它在审计报告之前输出，承载了审计发现的重大问题的相关事实。被审计单位需要对 DS 进行确认，而基于 DS 撰写的审计报告则由审计部独立发表意见。

但什么是事实？研讨会上，大家展开了激烈的讨论。后来顾问举了一个简单的例子，以流程违规为例，如果要写事实，应该首先列示公司的流程要求是什么，然后描述实际是怎么做的，而不是直接写"违规"，"违规"是属于审计报告中的定性。大家再进一步讨论，事实是客观存在的，不含观点和定性。

DS 是一项伟大的设计，它使得审计与被审计双方优先聚焦审计发现的事实，同时凸显了审计独立报告的权力。时至今日，这个设计框架仍然在运行，不仅提升了沟通效率，而且在解决冲突的过程中发挥了关键作用。

除了审计自身的流程和方法之外，IBM 顾问还勾勒了审计在整个内控框架下发挥价值的蓝图。大家一直津津乐道的是审计作为公司内最独立的机构开展的独立评价，"打分审计"应运而生。但绝不是为了打分而打分，打分的结果一定要能牵引内控的持续改进，于是问题就落到了"评估标准"上，这相当于高考的考纲，支撑着内控体系的运作。

统一的评估标准相当于用同一把尺子量长短，哪个管控好、哪个管控差一目了然。IBM 的审计评估结果只区分"满意"和"不满意"两档。按当时的内控状况，业务单位达成"满意"的挑战难度较大，而且这个状况会持续比较长的一段时间，看不到差异、看不到进步就失去了评估的意义。于是在变革之初，内审部确立了细化的五等评估标准，而"基本满意"就是公司内控建设的目标。随着内控建设的深入，业务单位的内控状况又比较集中于"略不满意"的区间。为了进一步体现差异，在 2010 年下半年，内审部进一步细化成五等八档的评估标准，一直沿用到 2018 年，大多数业务单元达成了"基本满意"后，参照 IBM 的内控，统一设置为"基本满意"、"略不满意"和"不满意"三档。

对 IBM 的方法论全套引入并根据现实情况适配之后，满怀对方法论的信心以及对变革全面落地的决心，内审部 2008 年下半年开始试点打分审计，共计完成 27 个打分审计项目，覆盖海外代表处、账务共享中心、研究所以及机关职能业务流程，并完成了对全球内控状况的初始值测算。

同时期，公司已经明确了内控体系建设的方向和思路，《内控管理制度 V2.0》明确指出："公司各级管理者（即各部门／区域／机构最高主管）是本部门的内控第一责任人。"公司正式将内控管理责任纳入干部任免的考量因素。打分审计的结果将进一步促进各级管理者内控的责任落实。

2009 年打分审计在全球铺开、落地开花。随着一份份打分审计报告的发布，从 2009 年到 2016 年，审计部持续发布全球审计趋势报告，揭示 TOP 内控问题，成为推动内控持续走向基本满意的关键力量。

起步即飞跃

合同签审控制薄弱，违规核销借货、多发货及签订高风险条款；合同更改的合理性缺乏控制，目录价××万美元新增发货和补货无补价；工程交付管理薄弱，采购成本××万美元超合同界面交付，验收失效未能识别虚假工程量；采购不规范，关键选择过程文档缺失，采购履行与招标结果份额倒挂，未经审批上调采购价格。

这是一份 2009 年审计报告结论段的描述，当年类似这样的报告还有很多，全年审计的 41 个驻外机构，大部分的审计结果尚不能达到基本满意的水平。如果仔细看这些审计报告就会发现，审计基本是沿着"收""支"两个核心，售前关注与公司权益强相关的合同评审、签订以及回款安全，售后关注与支出强相关的工程交付及工程采购，同时保持对资金、发薪等资金资产安全高风险的关注。

打分审计的关注点是与公司业务及内控情况紧密相关的。在当时的历史时期，一方面，国内开始大规模 3G 网络建设，海外无线基础设备销售收入实现高速增长，与业务快速上量对应的是内控机制不完善，流程不健全，内控意识淡薄，内控问题普遍存在；另一方面，公司从流程维度任命全球流程 Owner，要求内控体系建设从高风险流程做起，并立足当时的业务状况明确十大高风险流程纳入 2009 年 PBC（个人绩效承诺）考核。所以打分审计对全球业务的覆盖以及具体打分的范围也是聚焦高风险的业务单元及流程，一切基于高风险、一切面向高风险。

随着内审组织在一线落地，审计人员从深圳飞向全球，从热情奔放的美洲到神秘单调的撒哈拉沙漠，从美丽迷人的千岛群岛到白雪皑皑的阿尔卑斯山，蹲站点、看库房、爬铁塔、翻文档，快速上量的业务及新业务场景考验着审计人员的专业性和毅力。

审计人员初次去海外时，还有些许的兴奋和激动，但很快，E 国 T 项目审计项目组就站在了崩溃的边缘。

E 国 T 项目属于早期开拓海外市场获取的新网新牌项目，

同时也是Turnkey（TK，交钥匙工程）项目，与同期此类项目类似，在客户资信管理和合同条款签审等方面存在的问题逐渐浮出水面，出现了巨额亏损和回款困难的情况。由于它是华为第一个全TK项目，站点获取和土建等不少业务都是华为第一次实施，审计也没有经验。

堆积如山的项目文档、变更了无数次的交付计划、密密麻麻的项目周报，上万个站点、上千名交付人员，从PD到区域经理、从站点工程师到财务人员，审计项目组只有三个月的时间：应该从何着手开始？

业务量太大、场景太复杂，光看文档、看材料、看数据肯定是看不明白的，审计组打开项目组织列表，找不同模块的、到岗时间足够长的、关键岗位的"老熟人"，站点获取、土建、TE（铁塔工程）、PMO（项目管理办公室）、项目财务……审计人员少说多听，了解项目的来龙去脉、演变过程和交付困难等。几轮下来，发现PMO的两位同事帮助最大，可能也是因为他们有全局和监管的视角，本身也很希望借审计的机会，把一些问题理顺，引起各方重视，推动问题解决。审计组在心中有全局之后，初步识别影响回款的变更、融资以及影响支付的验收是高风险环节，结合文档和数据进行验证，最终发现并揭示合同生成流程缺乏有效的机制约定变更和验收规则、工程交付流程对在项目实施过程中的变更和验收管控不足、融资过程违规和贷后管理不足、降低项目收益并加大回款风险等问题。

有意思的是，2010年、2012年审计组再次"光临"E国T项目，有位审计人员更是历经了三次该国T项目的审计。从后两次的审计情况来看，交付结果、流程完备性及遵从、人员能力都与2009年有天壤之别，当年发现的大量问题已经不复存在，但变更和回款，由于合同历史条款等原因，仍然存在很高的风险。

与E国T项目问题暴露到改进到再审计的路径类似，公司各业务流程、各级管理者逐渐正视问题、积极改进，审计持续开展打分评估。

针对普遍存在的内控问题，审计与业务、GPO（全球流程责任人）与区域倡导"一个问题，一类解决"。对于在采购、交付业务中存在的职责不分离问题，从流程机制和系统设计上明确SOD（职责分离）矩阵，到2009年年底，高风险流程GPO均完成SOD矩阵签发；对于合同该评而不评、文档该有而没有等问题，增加事前审核、事后复核控制，加强教育；管理机会点流程GPO签发了多个GPO问责函，对全球各区域的违规情况进行了问责，倡导诚信的工作环境。这基本控制了设计缺陷，遵从问题在一年至两年的时间内得到了快速改进。

同时，销售、交付、采购领域或相继启动变革或开展变革推行，LTC（线索到回款）流程变革、交付ISD（集成服务交付）变革、IFS-PTP（采购到付款流程）项目推行相继展开，分析了中国区销售骗货问题的流程缺陷，并兼顾效率和控制进行优化，方案融入LTC流程变革。另外，根据业务情况及变化，积极适配合理的业务模式，比如采购采取了汇聚主流供应商、排除劣质供应商的策略，避免部分劣质供应商故意以低价中标，却不能正常做好项目交付，以支撑当时爆发的交付需求。

审计落地打分审计，围绕高风险流程评估并揭示问题，流程 Owner 优化流程设计、加强基本遵从落实、积极适配业务情况，支撑了 2010 年全球高风险流程内控成熟度快速从 26% 提升到 44%，区域从 15% 提升到 33%，进而在 2011 年分别达到 46% 和 38% 的水平，公司在绝大多数国家的内控有明显提升，80% 的历史审计问题未在同一国重复发生。

徘徊与进步

在经历了 3G 建设及海外市场业务发展之后，公司运营商业务进入了数年稳定增长时期。内控状况方面，随着流程持续建设，以及 LTC、PTP 变革的推行，明显的流程缺陷问题、基本遵从问题得到了有效解决，基本内控意识明显增强，大部分再审计国家内控稳步提升，整体的内控成熟度大致收敛到略不满意（40%）的水平，但内控趋势似乎上升乏力，徘徊不前。这成了摆在业务管理者、流程 Owner、内控组织以及内审部面前共同的课题。

经常有业务部门的同事在感慨：为什么审计可以发现问题而他们发现不了？其实审计不是万能的，业务部门感慨发现不了的问题主要是指涉及流程边界的跨流程问题。这主要还是因为审计能够拉通流程上下游交叉验证，这是单处于某个流程或环节的业务人员很难做到的。

在某个非洲代表处的审计中，审计组发现其中有个大中型工程项目实际履行的分包成本相比分包商选择时的招标金额多出了数十万美元，偏差超过 20%。

审计访谈采购人员了解情况，采购人员反馈实际履行情况得问交付人员；审计访谈项目 PD（项目总监），项目 PD 反馈都是按招标结果下单的，交付规模相比招标时也没有发生重大变更，为什么有偏差，他也不清楚。

业务访谈没有获取到有效信息，审计组只有拉通采购招标文档、标的详细测算数据、交付履行 PO（采购订单）数据、交付站点设计模型对比，不比不要紧，一比就发现了端倪，实际履行的站点条目与招标使用的站点条目差异太大。这下审计项目组来了精神，立马开始仔细核对条目差异，发现招标模型中 50% 的条目与实际履行不一致，有些甚至完全没有履行，如果按实际履行条目重新计算招标结果，六家中标供应商中四家份额排名将发生变化，采购成本也会降低。

审计组拿着这个发现与采购人员沟通，采购人员想起来当时招标的时候是找了一个之前招标使用过的站点配置模型，同时反馈说交付人员也是招标小组成员，他们也没说不对啊。

审计组再找到招标小组中的交付人员，交付人员反馈说这么多项目，他不可能对每个项目的站点配置都很清楚，再说招标小组是在做采购招标，采购人员应该负责核对清楚，需要他来审核吗，没有明确这个责任。

似乎都说得很有道理！在碰到跨流程问题时，相关的业务人员都会如此振振有词，原因也在于流程交叉点，没有明确应该怎么做及各角色职责是什么。而这，恰恰成了制约内控持续提升的关键。

基于此，2014 年 1 月，内审部根据多年的审计结果，仍然围绕"收""支"两条主线,向审计委员会汇报了系统总结的9个跨流程问题。在"收"的主线上,存在如合同决策意见未闭环等明显的流程断点问题,对合同评审、决策时的内部承诺基本无管控;合同决策意见落实在交付和未来项目中的闭环管理缺乏流程控制点和IT支撑。在"支"的主线上,存在如工程采购需求未拉通管理,形成采购需求的流程不完善,采购对需求的合理性亦缺少管控,如2012年至2013年审计抽查发现40%的国家存在招标站点配置模型与实际业务场景差异大,影响供应商的排名结果并增加了采购成本。

审计委员会要求"审计揭示的9个跨流程的内控问题,在流程内控联席会议上做专题讨论解决"。2014年年初内审部在华为《管理优化》上发表《合力解决跨业务跨流程问题,成为下一步内控提升的关键》;2014年2月流程与IT管理部牵头成立了跨流程解决方案专家团队,聚焦跨流程问题的解决,协同各GPO输出解决方案,并通过"流程内控联席会议"进行讨论与评审。经过半年多的努力,9个跨流程问题的责任人完成了解决方案设计。跨流程问题正式纳入公司级改进的轨道,为最终走向基本满意迈出坚实的一步。

除了跨流程问题,针对基本遵从问题解决之后凸显的业务真实性问题、实质遵从的问题,审计部策划了一系列的专项审计工作予以揭示。2014年4月,内审部发布中国区2013年运营商业务合同配置(BOQ)签审一致性管控简报;5月,发布中国区2013年12月收入确认专项审计报告;7月,发布海外某代表处某系统部收入确认警示函;下半年,审计部先后揭示一些业绩造假行为……

针对在业务开展过程中出现的问题，公司 EMT（经营管理团队）在 2014 年 10 月发布一项关于造假行为处理的决议，树立了对于业绩造假行为"零容忍"的管理基调，同时要求历史上有造假行为的员工可以在规定时间内完成申报，震慑违规人员，营造诚信务实的业务环境。

2012 年至 2014 年是内控建设徘徊、震荡的三年，但也是内控建设持续进步的三年。

审计部坚定地揭示跨流程问题、真实性问题、实质遵从问题并评估改进，通过在审计报告中提出问责建议，发布警示函、责令改进函等多种形式的审计报告促进责任落实及改进；同时在审计委员会《内控弹劾机制及弹劾标准》（2013 年）框架下，内审部在 2013 年首次向审计委员会对审计满意度排名靠后的区域、流程责任人提出述职建议；2014 年首次对内控不作为、经营指标造假的管理者提出弹劾建议。

业务管理者和内控建设者持续沉淀与深耕，一方面真正承担起内控建设与改进的相关责任，另一方面持续进行流程改进与适配，共同为最终走向基本满意积蓄力量。

解决最后一公里——走向基本满意

运营商业务作为公司的压舱石，经过多年的流程优化、变革（LTC 变革进入夯实阶段，ISD 变革开始推行），组织与运营需要更加灵活、更加高效；与此同时，2014 年、2015 年受益于

4G网络建设,运营商业务再次迎来高速增长;同样也是在2015年,我们吹响了内控建设走向基本满意的冲锋号。

2014年年底,公司内控部发布《关于发布TOP内控问题管理机制的通知》,正式明确TOP内控问题的管理机制,审计发现的问题会作为进入TOP内控问题的重要输入。

2015年,审计委员会纪要将内控"基本满意"标准具体化,包括流程被有效设计且实质遵从、不存在重大风险且损失在正常损耗范围内;财报基本可靠,无重大调整差异;评估期间无新增重大(含多发)的舞弊事件,同时要求2015年要重点突破影响内控走向满意的TOP6问题,要从政策、制度、导向等方面制定公司层面的举措。

同年上半年,EMT发布决议,明确"2017年达成内控'基本满意'(60%),是公司的内控成熟度目标",并对2015年、2016年分别设定了40%、50%的底线值。

公司上下内控建设目标明确,审计作为独立的评估者,似乎又回到了2009年打分审计伊始的情形:审计看什么,重点投入什么,怎么能保证投入与输出。

2015年内审年度规划总体组的成员在内审部总裁办公室里,讨论了一轮又一轮。

有观点认为从2009年打分审计开展以来,持续评估了全球各个业务单元、流程的内控状况,揭示了不少重大问题,每年都能从上百份审计报告中汇总出不少问题,继续做就行了,无须调整。

也有观点认为之前的做法有点自由发挥,揭示的重大问题客观上也是因为内控状况比较差，随着内控趋势持续向好，审计的重心需要从说清楚"有多差"转变到"有多好"，尤其对于公司的TOP内控问题，审计说"没问题"比说"有问题"挑战更大。

不同的观点碰撞，火花四溅，最终确定审计规划和作战需要自上而下在全球进行布局。

审计规划要确立全年的重点方向，重点方向来源于公司TOP内控问题以及结合历史审计情况识别的重要风险，比如签约授权、采购需求整合管理、站点存货等，形成自上而下的21条"线"，带动销售、采购和存货管理等主要业务循环的"面"的改进；重点方向要有持续性，要持续几年看改进趋势；同时内审各个二层组织需要在各自规划中承接大部门的重点方向。

压力来到了内审部各个二层组织。即使经过赋能、打样，第一轮各二层组织的规划评审，通过的不足一半。经常看到的情况是每个审计项目都能说出数条要立项的理由，但说不清楚对于全球重点方向的贡献。

经过一轮、二轮、三轮的评审，全球集成的审计规划尘埃落定。全球每年200多个审计项目，可以独立成河，也可汇入大海形成巨浪。正是这样，审计每年可以向公司回答TOP内控问题的改进情况，并对TOP内控问题的去留提出建议。比如通过2013年（国内）、2014年、2015年对全球收入的持续审计，发现在2014年EMT发布《关于对业务造假行为处理原则的决议》，要求历史上有造假行为的员工可以在年内完成申报，之后造假问题较以往大幅减少。BOQ签审不一致的内控问题，在

2015年的违规规模较往年明显下降，中国区BOQ不一致阳光化效果显著，内审部于2015年审计后向审计委员会建议BOQ签审不一致不再作为公司TOP内控问题；而根据对站点存货的审计情况，建议将站点存货账实不符的问题纳入公司TOP内控问题跟踪，均被公司采纳。

解决了自上而下的审计规划与作战问题之后，在明确的内控成熟度目标牵引下，从审计委员会批准的基本满意标准出发，审计进一步将衡量风险暴露程度的方法具体化，形成各大业务领域的打分指引。

这里有两个关键信息：一是纳入审计打分范围的TOP风险清单，这个清单会与业务Owner充分沟通听取意见后确定。当时使用了"鱼骨图"来形象地表达，"鱼头"对准业务内控目标，"鱼骨""鱼刺"则为TOP风险；二是针对这些TOP风险如何打分，主要看一个业务单元内出现问题的TOP风险占比以及是否存在违反"红线"行为的情况。

打分指引在2015年年末开始与各业务领域/流程Owner沟通，为审计基于事实的独立打分提供了可靠支撑，在确定的审计范围内开展审计，在拉通的标准下进行评估；同时也为业务Owner的内控改进注入强心剂，"力出一孔"，为着共同的目标前行。

2018年1月5日，审计委员会听取全球流程内控部关于2017年下半年全球SACA（内控评估）汇报，确定2017年公司内控成熟度评估为60%，达成公司要求的在三年内实现内控"基本满意"建设目标。其中大部分业务单元SACA内控成熟度自评结果得到审计验证,SACA评估结果基本可信。

至此,走向内控基本满意的征程暂告一段落,但这不是终点。公司业务持续发展,新业务场景不断出现,传统业务也会面临不同的销售及交付环境,业务部门作为一层防线持续识别和管理风险不会停息,审计仍将作为第三层防线独立评估、揭示重大风险,不辱使命。

让人人感到自然的干部任期审计

王克祥　邓丰义　胡　蓉　林　健

> 干部离任要审计，在任也要审计，这是对干部最大的关怀。贯彻干部的离任审计，任职期间一两次的抽查制度，使人人感到自然。
>
> ——任正非

2016年，内部审计部开展干部任期审计工作，至今已进入第八个年头。我们前期在积累干部监察审计方法的基础上，持续与公司领导对标，参照公司对干部的管理要求和高层对审计的期望与要求制定审计策略，通报审计结果，同时向业界借鉴全球优秀企业和国家经责审计实践，审计方法与时俱进，经历了任期审计试点、总结固化方法、扩展覆盖范围、例行化开展等阶段。通过一个个审计项目，被审计干部从最初的不适应、有疑虑转变为信任、合作、感到自然,让他们感受到了公司的保护和关爱。

把权力关在"笼子"里,保护干部、保护公司

> 所有权力都应当受到监督和制约,任何个人、任何组织不拥有不受约束的权力。
>
> ——华为《治理章程》

随着公司业务快速发展,华为公司从一棵大树变成一片森林,从中央集权模式逐步转变为向一线加大授权的模式,未来70多个小华为独立运营。合同和数据在代表处审结,授权和权力前移。而权力下沉是一把"双刃剑",如何能保障公司授予一线的权力不被滥用,拥有权力的干部合规地履行权力呢?如何解决公司管控和业务运作的信任问题,保护好公司花大成本培养出来的干部呢?随着一个个疑问的提出,答案也逐步清晰——把权力关进"笼子"里。

权力是公司授予干部的,"笼子"是公司的制度与规则,把权力关进"笼子"里是让干部在公司制度与规则的约束下履行权力,同时把权力履行的风险防范在"笼子"之外,防止干部滥权越权,这样也是对干部的爱护。

干部,特别是一把手,是一面旗帜,是所在"作战"单位的标杆。如果干部自律、当责、求真,员工和组织必然充满正气、奋勇向前。对一把手进行例行审计,就是让一把手的权力被监

督，把权力更好地关进"笼子"里。牵住了一把手履行好公司权力的这个"牛鼻子"，就能有效保障权力在下沉过程中不被滥用，从而保护好公司。

审计一把手对我们来讲是一个全新的事情，万事开头难，我们必须迎难而上。2015年至2016年我们积极向业界取经，通过广泛借鉴学习业界实践，我们发现业界对干部的审计均是聚焦具有独立经济责任的一把手，审计的内容主要关注一把手的权力履行。

可下一个难题摆在我们面前：公司任命的岗位和干部有数千个，哪些一把手应该最先被纳入任期审计范围呢；他们又有哪些特点；基于什么程序和原则才能将某干部序列纳入例行审计？这些都是我们必须考虑的问题。

经过对公司关键经济岗位干部的权力分析，借鉴业界实践，征求对标公司领导意见，我们团队最后确定三个纳入例行审计的干部岗位序列入选标准：（1）承担综合经营管理责任的一把手，从区域组织开始；（2）容易出现串通、集体舞弊等事件；（3）带的队伍大，可以通过选人形成"堡垒"。

积跬步以至千里，积小流以成江海

根据初步的审计策略、例行审计的干部岗位序列特点和审计内容，按照先从离公司较远的区域组织一把手开展审计的要求，同时关注到在区域中，代表相比地区部总裁（以下简称"地总"）岗位更聚焦具体业务，2016年2月我们决定从代表处代表离任审计开始试点。可是又一个难题涌现出来——符合被审计标准的代表有很多，不可能一下子全审，从谁开始呢；被审计的代表一定会问，为什么审计我，而不是其他人；选几个代表处来试点；一个个问题摆在我们面前，如何才能体现对干部的尊重和公平公正，顺利开展试点工作呢？

随着一次次内部头脑风暴和方案推演，大家最终达成一致：随机选择相对公平一些。在日常生活中，抽奖箱就是最常见的随机方式之一。

为了确保公平公正，我们联合公司总干部部一起商讨方案。专门找来一个抽奖箱，完全模仿抽奖的过程，由总干部部根据任期时间提供当期的离任干部全员名单，审计部在现场写下所有名字后放入箱子，再由总干部部代表"蒙眼抽奖"，全过程进行视频录音录像。最终，随机抽选出五位被审干部，就这样诞生了第一批试点的干部。得知被"选中"的过程，这些干部也消除了疑虑，有的被审干部还打趣道："运气不错，也算是中大奖了。"最终五位干部的任期审计结果均为较规范，其中三位干部在审计报告中被提示了待改进点，也更加促使他们自律、当责。

经过一年试点，部分干部对任期审计的心态由不理解或抗拒，逐步变成理解和接受。审计组通过与干部本人及其直接主管沟通审计结果和待改进点，让他们逐渐体会到审计对其开展"体检"的提醒作用。干部任期团队也在试点项目中总结经验，包括审计范围聚焦关键权力履行、测试点清晰完整、沟通有据且把握好度、结论定性看大面与守底线结合，逐步形成方法论。

随着任期审计项目方法论和运作日趋成熟，大家开始思考进一步扩展岗位序列。就在这时，某地区部总裁主动找到内审部，要求对自己进行审计。当时我们收到这个申请时，很是意外，因为当时地区部总裁并不在公司审批的任期审计干部岗位序列中。经过我们与这位地区部总裁的进一步沟通，我们才知道原来他在过去一年里参加过几次自己下属（代表）的任期审计报告沟通，理解任期审计的逻辑和必要性，了解任期审计帮助干部做"行权体检"和及时发现问题对干部提醒的作用，所以申请对自己开展离任审计。得知地区部总裁要求审计自己的原因后，我们备受鼓舞，说明公司的高层干部已经开始理解并认同任期审计。

通过充分讨论和评估，大家一致认为这是一次难得的被"试点"机会。首先，地总是一层组织的综合经济岗位一把手，是公司驻外机构的最高级别负责人，符合任期审计岗位选择标准；其次，针对地总岗位，选择哪个地总开展试点审计都不合适，而机缘巧合之下有离任的地总主动申请。我们向时任审计委主任梁华作了汇报，经公司同意后，正式开展对该地总的试点审计。最终审计结果为该地总整体行权规范。

随着工作不断深入，地总岗位也被纳入任期审计的岗位序列。几个地总的试点审计受到了公司领导、审计委主任和内审部总裁的高度关注和悉心指导，在审计项目中与被审计地总充分沟通，让我们更进一步了解地总这个岗位的权力和审计重点。地总任期审计与代表有相似性，都是围绕着权力履行和绩效真实展开，但如果仅仅使用代表任期审计的方法，无法做到"画龙点睛"。

审视地总践行公司核心价值观的情况，通过"查"来守护公司核心价值观是非常必要的。地总更多聚焦在地区部战略和监管层面，那么如何客观评价地总是否真正以客户为中心呢？审计的强项是以事实说话，在一次地总审计结果的沟通中，该地总表示："没想到审计组的工作如此细致，看了我任期内出差的次数、出差的国家，在地区部和机关的时间，我手心都是汗，这对我的触动非常大。"

地总的绩效真实性检查与代表的差异也很大，相对审计代表时重点检查订收等指标的真实性，地总的检查重点在地区部范围内中长期资源、能力的构建，向公司总裁和领导汇报事项的真实性。在一次地总审计中，该地总表示，任期内辛辛苦苦做了很多事情，但一看审计报告，指标和战略目标的真实性还是有问题，这让他警醒。

同时，随着地总任期审计试点和例行展开，被审计干部逐步对任期审计有了更深刻的认识和转变。近期某次地总任期审计中，该地总说："之前认为审计是评价一个人是否相貌英俊、身材健美，其实审计更关注一个人的各种指标是否在合理范围内，是否有异常，比如体重、血压、肝功等。"用直白的话来说，审计"未见异常"就是干部们最想获得的"体检结果"。通过一个个审计项目，让更多干部理解相信：任期审计是对干部任期内权力履行的客观评估，不是有问题才被审计，而是一次"行权体检"。"未见异常"说明在任期内行权规范，如有小差错就及时提醒改进，严惩恶劣典型，也是真正落实公司要求的任期审计"使人人感到自然"，推动公司信任文化建设。

从 2016 年开始对代表处代表开展任期审计，随着多轮的试点—总结—例行开展，纳入例行审计的岗位序列由代表、国家／国内省终端部长，扩展到地区部总裁／地区部终端部长，形成了任期审计岗位序列的纳入标准和审批流程，审计方法和项目运作日趋成熟，区域一把手任期审计迈入正轨。

2019 年通过洞察公司业务、组织和干部岗位的变化，和公司领导对标，我们发现研发、某些新兴产业一把手也负有综合经济责任。办公地虽不在区域但业务流程相对独立，甚至自己就是自己的 BPO（业务流程责任人），且这些组织规模也有几千人，上述特点均符合纳入任期审计序列的标准，同时新兴产业审计覆盖少，早期进行审计对产业的健康发展意义重大。结合高层领导要求，经常务董事会批准，正式将云、消费者云、车、芯片等 BU（业务单元）总裁纳入任期审计岗位序列。

BU 总裁任期审计项目组在干部权力初步评估分析阶段就深刻感受到了 BU 总裁相对于区域管理者的差异，业务是全新的，流程独立，组织规模大、职能全，审计组感受到全面客观评估一名公司高级干部沉甸甸的责任。项目经理提出"不忘初心、以终为始"，业务和流程虽然是全新的，但是任期审计评估干部的核心逻辑没有变，始终围绕着干部自律、当责、求真。于是项目组基于 BU 的业务和流程，确定了 BU 总裁标准＋定制评估项，标准项是 BU 总裁与其他岗位相似的部分，例如费用、多元化激励等审计事项，而定制项就需要根据 BU 业务流程量体裁衣，例如合作、绩效真实性等方面的评估。

评估项确定后，项目组进入关键的测试评估阶段。在多元化激励的测试中，项目组按照既定的审计程序获取了团建经费台账，在进行大数据分析和抽样核对后，项目组对暴露出来的风险信号感到有些吃惊：大量的团建经费来源于员工个人奖回收，团建经费使用基本没有公示过，甚至被部分主管用于发红包、补贴超标住宿费等。这样的风险在区域组织的任期审计项目中已经呈收敛趋势，但BU机关部门的多元化激励却存在较大风险敞口。一名被回收个人奖的员工向审计组诉苦："部门领导要求上交，大家也只能上交。后来美其名曰捐款，可主管自己没有捐款，发红包的钱我还以为是主管自掏腰包的。"随着一笔笔激励奖金的核实，最终的结果让人听吃惊，违规回收×万元个人奖、×万元团建经费被违规挪为私用。

在绩效真实性测试中，审计组访谈所审干部的上级质量运营部门时收到反馈，"质量事故标准是BU自己定义，虽然标准不清晰，我们也只能提醒BU尽快明确"。审计组进一步检查因质量问题向客户赔偿的记录，发现BU CFO审批意见提出"不是质量问题不存在赔偿"，但BU并未统计为外部质量事故。

审计组最初提出质量标准不清晰的问题时，该BU总裁开始并不认同审计组的意见，但审计组说明提出这个问题是考虑BU现在面对的是海量的外部客户，不再仅仅是面对内部客户。内部客户通常会配合回溯质量问题，但外部客户在回溯中并不会完全配合我们。如果我们自己定义的质量问题定级标准不清晰，与客户界面无法拉通，会是更大的问题。该BU总裁立即表示："我明白了，BU面临的新业务场景、标准要靠我们自己明确制定，要基于自己的业务特点建立质量问题定级标准，输出第三方可复核的清晰标准。"

这次沟通给审计组留下了深刻的印象，该 BU 总裁不仅转变了看法，认同审计组的结论，而且得到启发，自发改进。新产业新场景，BU 往往是自己的 BPO，对 BU 一把手的任期审计，通过揭示风险进行警示和提醒，对新产业、新业务的健康发展意义重大。截至 2022 年，任期审计团队完成了常务董事会审批的全部四个 BU 总裁任期审计，标志着我们初步具备了产业一把手任期审计的成功实践，拓展在干部任期审计上的广度和深度。

目前经审计委评审，报常务董事会审批的干部任期审计岗位序列已经有十个，随着公司业务的不断发展和变化，干部任期审计岗位序列也会随之刷新。通过对干部关键权力履行的规范性和业务真实性进行客观评估和风险揭示，促进干部自律、当责、求真，真正做到带领团队多产粮食、增加土地肥力。

干部监管是对干部最大的爱护

干部监管是对干部最大的爱护，干部离任要审计，在任也要审计。

——任正非 2016 年在监管体系座谈会上的讲话

对干部进行任期审计，对干部进行监督，让被审干部理解这是对他的保护，知易行难。在初期，确实大部分的干部会带着忐忑、紧张、不理解甚至有点抵触的情绪，认为审计会否定他们过去几年的工作，也不知道审计结果会给他们带来什么样的影响。

　　我的思绪飘回到 2018 年某代表在任审计，当时的情境仍记忆犹新。在开工会上，项目组正在给代表和核心管理团队讲解公司对干部任期审计的导向要求及此次审计的安排，代表与会人员神情各异，我想起我们刚到代表处时就听到周边有人悄声议论"审计不就是天天找问题，为了绩效没有问题也要找到问题""审计肯定会为了鸡毛蒜皮的小事跟我们扯，我们要小心防范"。项目还没开始，双方中间仿佛有一道无形的墙，可见给大家的心理松绑还需要下一番功夫。

　　随着项目的进行，围绕干部的费用、采购、销售合作和 AT 等关键权力履行和绩效真实性，经过前期专业分析看到的风险信号逐渐浮现：该代表的下属某主管有代打卡、缺勤的情况，并遭到投诉，引发了不好的影响；库房的账目一团乱麻；软件还没有加载完成就提前确认了收入；有很大比例的干部任命都没有在 AT 会上充分讨论；自律、当责、求真，这三方面都有着一定的差距。

　　项目组经过严谨细致的情况核实，再基于获取信息，与相关业务主管坦诚地进行一轮又一轮的沟通和澄清，事实已非常清晰，前期的风险信息也逐步得到验证和确认。项目渐渐步入尾声，后面要和该代表做正式的问题发现后的沟通。沟通开始，该代表带着严肃的神情走进了会议室，似乎是为了这次沟通做了很大的心理建设。

　　当时的审计项目经理为了缓解紧张的气氛，温和地笑着说：

"项目期间不仅仅对您行使的权力做了评估,我们也访谈了您的下属,大家都说您刚中带柔,业务上要求严厉,但能感受到您对大家的关怀。"代表似乎很意外,随之气氛缓和了很多,但是代表紧皱的眉头还是没有松开。

当讨论到干部任命不在代表处 AT 会上进行评议的时候,该代表忍不住说:"很多时候流程赶得急,大家打仗也找不到那么多时间开会,就那几个候选人,大家都很熟悉,有什么好讨论的。"

我们耐心地和他沟通:"AT 会对干部选拔的讨论。一是选将这件事情本身很重要,需要充分的评议和讨论;二是公司希望通过这个评议和讨论,将核心价值观结合业务越辩越明,让 AT 团队乃至代表处的每一个主管、员工心里真正领会公司核心价值观,在心里扎下根。"

时间过得很快,沟通接近尾声,事实越辩越清。这时傍晚夕阳的一抹金黄透过窗户照射进来,似乎有那么小小的一瞬间会议室里突然安静了。代表皱起的眉头也慢慢地松开了,缓缓说道:"我带团队的时候确实没有关注那么多细节,有时候会有急于求成的心理,感谢审计组给我本人和代表处的帮助,原来审计不仅仅是为了审问题,而是通过查风险揭示问题,让我和我的团队理解公司的要求。我和核心管理团队自律,一身正气,才能给代表处的每个员工起到示范作用。求真,心里不长草,不骗公司才能不骗自己,无愧于心;当责,要对公司授予我的权力有敬畏心,有使命感。原来这都不是空洞的口号,确实都应该融入我们的一言一行、业务开展的每个环节、每一次的签字及各项权力行使当中。"

又是一年春草绿,该代表在经历了任期审计后,不知不觉一年过去了。这一年时间里,代表处在该代表的带领下,针对每项审计问题进行问责警示、宣传和整改。代表处的业务也蒸蒸日上,稳步增长。该代表也被提拔到全球大T,承担更重要的岗位。根据离任必审的原则,我们又对他进行了一次离任审计。这次在离任审计开工会上,该代表真诚地说道:"去年的任期审计中揭示了一些问题,在过去一年代表处也做了很多改进,正好这次离任审计再次审视,看是否还有不足和疏漏的地方。同时任期审计是按照公司要求例行开展的,我已经非常认可接受,感觉到很自然,任期审计可以帮助我本人和代表处在管理方面更好地提升。"项目组能感觉到该代表完全没有上次任期审计时那么紧张和忐忑,甚至是发自内心地接受和欢迎。

在这一次的审计过程中,项目组能够明显感觉到,和前一次任期审计相比,代表处针对上次审计发现的问题都有了显著的纠正,针对库房管理的业务发布了对应的管理规范;所有的干部任命均做到了上会讨论;绩效真实性问题从上次的×亿元显著降低到×千万元,并且大部分问题是代表处自行主动管理、自检发现的;该代表以及核心管理团队再也没有发现明显不自律的情况。

项目结束时,该代表说:"任期审计项目真正帮助我明确了公司的管理要求,更加有的放矢地开展业务,避免我犯更大的错误,也真正帮助我在公司更好地发展,接下来我在大T部长的岗位上,要主动梳理好我的权力边界,以身作则并管理好我的核心管理团队，带领大家真正做到自律、当责、求真！"

截至目前我们已对数百名干部开展任期审计，从总的审计结果来看，大部分干部是较规范的，整体是自律、当责的，仅存在一些待改进点。我们通过审计报告披露问题，就是及时地提醒他们，避免干部犯更大的错误，实际帮助干部更好地发展。这就用实践印证了任总说的这段话："人非圣贤，孰能无过。当我们发现干部犯了小错误，给予适当的处分，提醒他以后不要再犯了，他将来可能成长为伟大的人，这是对干部的爱护。"

守底线强威慑，严惩重大违规不动摇

战时状态，我们要加强干部管理，严肃纪律，必须英勇奋斗，不冲锋的干部就要被淘汰。严惩BCG违规的员工，在国难当头还偷鸡摸狗的人，是缺少了道德。同时，对他们的小组及主管要承担连带责任。清洁我们的队伍。

——任正非在2020年EMT办公例会上的讲话

"如果我们在干部犯小错误的时候不提醒他，后来他犯了更大的错误断送了自己的前程，这就不是对干部的爱护。"任总这样说。如果未对干部及时监督和提醒，干部的滥权越权、不当责将会对干部本人和整个团队造成极大的危害。审计中我们也发现极少数干部不自律，存在重大违规行为，公司对其做了问责，在严重的情况下甚至对干部进行劝退处理，建立了对干部及核心团队的有效威慑，强化大家守底线的意识，同时促进重

大问题的自我申报，实际是对整个团队的威慑与关爱，让大家少犯错，避免非战斗减员。

在开展任期审计的初期，对一名干部的审计让审计组印象深刻，记忆犹新。这名干部在任期间发生多起重大违规事件，业绩虚假繁荣，由于一把手带头滥权越权，带坏了整个团队，影响了整个组织的业务。每每想起，审计组都不禁感慨，如果时光能够倒流，也许在他犯下小错误时就能提醒他，如果能够及时处理，也许能够拯救整个组织和团队。

该干部作为一把手任职的代表处所在国家经济落后，当地客户的财务状况和经营压力也很大，所以代表处员工面临比较大的业务压力。审计组抵达当地后发现，该国地处高原，大部分人要面临高原反应对身体健康的巨大挑战。一个工作和生活都时刻处于艰难环境下的组织，一把手的表现如何呢？

初期，审计组访谈了多名员工，以了解一把手的情况。下属A说："××总很敬业，晚上经常加班，是非常奋斗的华为主管。"下属B反馈道："代表每到周末都会拉着大家开会讨论经营情况，分析差距和定任务令，我们的收入稳步增长。"骨干员工C表示："代表总是一马当先，会积极推动大家往前冲，一年多就带领大家拿了好几个大单。"员工D……初步访谈完，审计团队觉得大家对该主管的整体评价是正向的，带团队拿了很多项目大单，在任一年半期间，销售收入取得了50%以上的增长。

随后，审计组抵达现场，按程序开展测试工作，对准干部的关键行权测试点做实质性测试，依据事实逐项评估。随着信息资料的研读分析、访谈的逐步深入和范围扩大，一个个问题逐渐浮出了水面。

首先,第一个问题就让人匪夷所思:多名员工自掏腰包"集资"给供应商先付款,供应商施工完成后,员工通过自行采购从公司报销拿回"垫资"。是什么原因让员工"集资"垫付?审计组好像在其他代表处从来没发现过这样的问题。审计组开始逐个询问垫资的相关员工。原来员工也是怨声载道,事实情况逐渐还原:前期项目计划没做好,过程中又出现质量问题导致返工,客户投诉进度延迟,此时一把手要求大家赶紧找多家供应商施工,先不管公司采购流程如何,只要让供应商尽快干活就可以;而一部分供应商是一些小工程队,不关心是否签了采购合同,只要给钱就可以直接开干。于是,一把手就要求员工先垫钱给供应商,把活先干起来,后面要走什么流程再说。员工其实是知道一把手漠视并违反公司采购流程的,但也只能无奈地服从一把手的指令。可以看到,一方面,一把手带头绕过流程,给团队全员树立了不好的榜样,基调带偏了,严重损伤团队的流程遵从文化,给后续的业务运作带来更大的违规隐患;另一方面,采购等直接涉及经济利益的业务,绕过流程关键控制环节的行为,容易滋生腐败风险。

同样在代表处的销售业务中也发现,一把手带头违反销售业务"红线"。例如,某个项目概算的利润率较低,超过了代表处授权,需要到地区部决策;该代表担心该项目会被地区部否决,进而影响代表处订货和收入指标的完成,于是让合同商务概算人员做了一个操作,在概算表中将项目的风险准备金调低,并删除了部分设备的关键组件,这样就造成概算利润率虚高,在该代表自己的行权权限内通过合同审批并迅速签订了合同。审计组还发现了其他违规操作：先签后审含禁签及高风险条款合同、擅自越权用 Voucher（现金优惠券）及现金折扣核销数百万美元罚款等。发现这些问题后，审计组与该代表本人做了坦诚沟通，该代表承认是自己带头违规，当时的想法就是把业绩干上去，其他都是次要的；同时与相关业务主管、骨干员工沟通，他们的共同反馈都是一把手片面扭曲地追求业绩，让大家必须去冲，即使严重违反流程要求也在所不惜。表面上代表处业绩是上去了，但实际上只是虚假繁荣，给公司造成了巨大的损失。

此外，审计组还发现了该代表其他违反底线的行为，包括擅自承诺捐赠、无资金调拨指令回款转经费和安排下属违规报销费用等问题。

一把手带头违规，滥用手中的权力，最终让整个团队陷入困境中。审计报告对该国家主管提出了问责建议，也在公司常务董事会上进行了专项汇报，公司决定对该主管进行问责弹劾。这不仅是对干部本人，也对整个团队起到很好的威慑作用，避免未来发生类似问题。同时，对于严重逾越公司底线的干部，及早发现，也能及时拯救一个组织和团队。

举一纲而万目张，约束边界，聚焦重点

干部任期审计在干部监督中发挥第三层防线的作用。我们在审计中既要对准审计导向与价值，有针对性地进行审计和定

位问题类型,同时也要有边界意识,避免审计被误解和过多打扰业务:审计对象有边界,不能想审谁就审谁;审计内容也要有边界,紧紧围绕被审计干部的自律、当责、求真,抓矛盾的主要方面;审计定位有边界,不轻易质疑业务的合理性。

随着任期审计的推进,切实揭示了一些典型问题,帮助业务纠偏,被越来越多的干部和员工认可。干部任期审计团队经常会接到业务部门的"特殊需求",要求对常务董事会审批之外的岗位进行审计,例如采购专家团主任等岗位。这时我们回想任期审计成立的初心,任期审计并不是风险触发的审计类型,其核心本质是对综合经济责任岗位一把手的评估型审计,公司采购、工程交付等领域虽有或多或少的风险,但采购主管、交付主管并不承担综合经济责任。同时,内审部是中央集权组织,对审计委员会和董事会负责,被审计干部的岗位序列也是由常务董事会最终审批,干部任期审计团队围绕公司规定的干部对象开展例行审计,必须在对象范围的边界内,不能随意地想审谁就审谁。

一把手对一个组织的大大小小的事项都要负责,从业务战略制定到具体业务动作的执行,如何能抓住要点进行审计就尤为重要,这样能提醒他们在哪些方面需要加强关注,使其减少错误,步子走得更稳。通过与高层对标、参照公司核心价值观和对干部的要求、认真研究干部岗位责权,最终形成了干部任期审计内容的核心理念——"围绕以一把手为核心的团队,针对干部的自律、当责及求真进行审计"。基于这个核心,任期审计围绕干部关键权力的分权、授权、行权规范性和业务真实性进行客观评估和风险揭示，调用监管线报告评估干部品德作风情况，做到聚焦审计范围内的要点内容，抓主要矛盾，但不逾界。在很多项目进行过程中会接到一些反馈，例如某个员工行为不检点、私费公报，这时项目组会审视代表处是否有群发性的道德作风问题，私费公报是否由被审计干部直接行权或相关，而不是简单地揭示与被审计干部不直接相关或非核心权力履行的风险。在任期审计中，紧扣一把手的核心权力，举一纲而万目张最为重要。

业务作战中往往会出现各种各样的问题，在项目中有时看到代表因为重大项目丢标、指标完成差而下课，这时审计组会分析研究其丢标和指标完成不了的原因，如果是因为干部业务决策失误等，审计组就不会质疑业务的合理性，不对业务"指点江山"。任期审计应聚焦权力履行的内部合规性和业务真实性，做好客观评估。

每一个任期审计项目，我们都会注意方法和策略，不超越公司的边界、不擅自扩展范围、抓主要矛盾和不轻易质疑业务的合理性。这样才能更高效高质量地进行评估，让被审计干部真正接受问题提醒，自发改进，体会到公司的关爱。

近几年，公司内外部形势与任务、长期战略（营商环境、人才、组织、研发、市场）都发生了巨大的变化。随着公司产业子公司、军团的快速发展，合同在代表处审结的不断向下授权，公司对审计也提出了要求和期望："随着权力前移，审计也要前移。""华为公司在未来十年内要完成干部迭代，从过去以功臣为中心的经验奋斗，逐步转向以规则为中心的职业化奋斗。

审计要从威慑式审计走向利用人工智能的数字化过滤式审计。"干部任期审计从 2016 年走到现在已有八个年头，未来对准公司的政策导向和对审计的期望和要求，仍要持续优化方法，学习经责审计等业界实践，借助部门智能化审计手段，通过 AI 和大数据、BO（后台）与 FO（前台）协同运作，使干部任期审计更加专业化、智能化，对干部的权力履行和业务真实性等持续做好客观评估和风险揭示，有效支撑公司对干部的监管，同时体现对干部的保护和关爱。

干部任期审计面对的是公司最重要的干部群体，通过每一个任期审计项目，持续发挥内审作为公司长期商业成功核心价值的守护者、信任文化的建设者的价值与作用，这就是落在我们每个内审人身上的重任。

不让堡垒从内部攻破

莫 军 王德荣 李 猛

"十年前 IFS-BC&IA 的变革让我们穿上了'IBM 鞋',十年来公司发展这么快,组织规模这么大,但腐败这么少,也没出现过大的系统性风险,这得益于我们在管理和控制领域做出的努力,内审发挥了重要作用。"作为监管团队的成员,任总在2017年的讲话中提及的这一段犹在耳边,对我们既是肯定又是鞭策。三十年来,华为从白手起家到今天销售规模超过1000亿美元,员工超过20万人,大家始终拧成一股绳,聚焦工作,诚实劳动,坚持以客户为中心,奋力发展,这跟公司领导层的战略远见、正确的发展观、治理和监管理念,以及监管体系化建设是分不开的。

自华为成立,任总不断在各种场合强调内部反腐的重要性:"如果公司任由腐败发生,不在制度上做更多改进和强化教育,公司就会走向灭亡。""没有什么能阻挡我们前进的步伐,唯有我们内部的惰怠与腐败。"

在2008年开启的BC&IA变革中,华为重新改组了内部审计部,并专门成立了调查部,在合法合规前提下针对员工贪腐行为进行独立调查。员工经济类舞弊和违反商业行为准则(BCG)作为一个模块融入这次变革中,参照IBM的防腐框架和运作模式建立作为公司的调查框架和流程。自此,内审部加大了对各个业务领域员工贪腐的查处力度,建立系统性威慑,让"不能腐、不敢腐、不想腐"的理念融入员工的日常工作中。

刚起步的时候,虽然有了投诉邮箱等举报途径,我们收到的经济舞弊线索并不多,也没有好的经验,只能边参考IBM历史案例的经验总结,边靠自己摸索。我们从查实一名采购人员的舞弊问题开始,了解采购领域的舞弊模式,总结如何发现问题,同时结合案例对内部员工、外部供应商进行反腐宣传。一方面是通过查处一个,威慑一片;另一方面是让更多的员工知晓反馈线索的渠道,通过威慑遏制新发舞弊。经过十多年的发展,我们已总结出不同领域的经济舞弊模式和调查方法,引入调查工具以提高数据分析效率,发布调查简报给公司管理层以支撑管理需要,输出典型案例、联合HR和道德遵从委员会开展全员教育,共同建设诚信廉洁环境。

我们把这些年来的腐败典型案例从干部自律、合作方行贿、资产安全等方面进行分类总结,这些案例的当事人都曾为公司做出过贡献,有的还是金牌员工,但最终因没有经受住外部的诱惑而犯了不该犯的错误,令人痛惜!

我们深知，对腐败行为的严厉查处，不仅仅是开除几名违规员工，追回被侵占的公司资产，更重要的是，避免了因为腐败而有可能导致的组织割裂和溃散风险，使得人人聚焦工作，"千军万马上战场"，确保公司长治久安和高质量快速发展。

干部腐败危害大，公司绝不允许高层干部腐化

"公司绝不允许高层干部腐化，我们将持续地在高级干部中反贪污、反盗窃、反假公济私、反不道德行为。持续地反对惰怠，上至总裁下至各部门经理，无一例外。廉洁公司的行动将延伸到基层干部，每一位有上进心的干部，都要时时刻刻注意严格要求自己。"任总早在1995年的一次讲话中就强调了对公司高层干部更高的要求。

作为公司的领导核心，要以身作则，正人先正己。主管的价值就是带领团队，激发员工士气、洞察问题、明确方向和主题，牵引团队前行，完成挑战性目标。如果主管不当责，带头腐败，往往会导致下属上行下效，形成窝案，造成组织溃败，这也是公司严格查处的重点。

某地区部整合营销部主管在公司已工作十多年，业务上是一把好手，曾经的他无论多晚，只要工作需要，都会驱车三十分钟来到公司加班，被同事誉为"拼命三郎"。随着其个人影响力逐渐增强，外部人员不断地恭维吹捧，他开始谋划利用公司大平台来发展自己的事业，谋求个人价值最大化。慢慢地，他的心思已不全在工作中，不再主动去倾听客户的声音，项目如

何运作也只是听听汇报，公司赋予他的工作变为"第二职业"。他后来发展到很少到办公室上班，下属汇报工作需要到他家附近的咖啡厅，大家都不知道他在忙什么，只是看到供应商天天围在他的身旁。2011年年初，这位主管利用手中的权力，在某项目中全程"指导"下属如何选择供应商，如何完成采购流程，最后利用其技术选型小组长的身份，变相指定供应商，通过亲属公司以"咨询费"的名义从该供应商处收取好处费。他忙着和供应商做自己的生意，部门的日常管理也不过问。以考勤为例，我们发现他所在部门形成的惯例是三个小组轮流代打卡、多人长期虚假外出公干。

在主管的"言传身教"以及对下属的放纵管理下，该部门多名员工也存在违反公司商业行为准则的问题。有员工利用手中权力，要求供应商将运维业务分包给自己亲属的公司，该公司在申请付款时虚增运维人力，从中谋取不当利益；有员工多次让供应商虚增发票金额，通过自行采购报销获利；有员工多次收受供应商年节费，并与供应商合伙做生意……这些员工最终都受到了应有的处罚。他们在悔过时都说，主管的不良行为给了自己错误的认知。由于主管的不当责，上行下效。还好公司及时发现并处理，部门所在业务领域的管理层亲自组织案例学习并强力推动管理改进。

主管不廉洁自律，不仅给组织带来严重伤害，也给公司带来不可挽回的损失。2018年，大中华区终端某主管，在巨大的利益诱惑下，私下向渠道商透露公司的采购策略和底价，导致公司在价格谈判上处于劣势，同时也将一些资质好的渠道商拒之门外。短短几年时间，该主管获利几百万元，却给公司造成几亿元的损失，给公司带来了很大的负面影响。当其被移交司法机关后，他很悔恨以前的所作所为，写了一封长长的信，其中写道："自己的努力得到了公司的认可后，随着权力的增加，周围的'朋友'就越来越多，从简单的吃喝到收取年节卡，再到与渠道商同流合污，我对不起公司对我的培养，对不起家人和孩子对我的信任，我错了，希望其他人引以为戒……"

公司的不断宣教和管理层每年的廉洁宣誓，都是希望主管能守住底线，保持廉洁自律，看护好自己的"土地"。

意识薄弱，被合作方拉下马

华为的成长离不开合作伙伴的支持，每年与我们合作的全球渠道商和供应商有十万余家。华为坚持秉承公平、公正、阳光、透明、简单的渠道合作理念，共同打造良好的市场秩序和市场规则，努力营造阳光、和谐、开放、共赢的合作伙伴生态环境。华为持续进行管理体系和网上交易平台等一系列优化，通过简化管理与加大授权，与合作伙伴的交易变得更加快捷方便。

同时，华为希望合作伙伴在双方合作过程中不断提升自身竞争力，如提供解决方案能力、系统集成能力和服务客户能力等。企业业务是华为公司的支柱产业之一，它的主要销售模式就是与渠道商合作将产品卖给客户，很多金牌渠道商都会聚焦如何提升自身能力，主导发掘市场机会点，与华为一起成长。但个别渠道商却总想走捷径，"绞尽脑汁"获取市场机会点。某经销商就扮演了这个角色。他把主要精力放在如何与华为合作的客户经理进行利益绑定，从华为员工手里拿到项目，并让他们协助申请特价商务，通过过单分利的方式给予好处。该经销商知晓接口的客户经理张某喜欢打牌，主动邀请并通过输钱方式变相输送利益，在某次打牌过程中了解到张某与女朋友闹矛盾了，第二天经销商以张某朋友的身份将名牌包送给了他的女朋友。张某与女朋友和好如初，也多了这么一个"好哥哥"，与经销商也亲近很多。张某歪曲了"投我以木桃，报之以琼瑶"的本意，将自己拓展的项目说成经销商的功劳并隐瞒最终客户价格，申请特别商务让经销商获得更多的利润，个人从中获得巨大的好处费。正当他筹备婚礼时，因他人举报，公司将其移交司法机关。2012年到2017年，公司在企业销售领域集中查处多名员工经济类舞弊问题后，相关的管控机制已日趋完善，新发舞弊问题明显减少。

采购是腐败问题易发、多发的重点领域，它具有权力集中、资金密集等特点，我们在内部反腐宣传教育中涉及采购领域的案例是最多的，接受采购案例宣教的部门和人员也是最多的。公司倡导的科学采购体系中，以阳光采购作为基础，是所有与华为深度合作、共同发展的基础，正确的采购、无贪腐的采购是实现采购价值的根本。

原采购员工李某先后担任采购经理、采购代表等职务，利用在采购招标、体系认证等工作中的职务便利，多次收受供应商好处费。后期李某有了更大的野心，让某供应商出资，成立一家公司给华为供货，李某的身份也从甲方变成了乙方。为了获取更多订单，他先后拉拢研发内部某产品的技术负责人张某、结构设计部部长王某等人，承诺按照采购量给予好处。当李某知晓公司调查自己时，便向公司坦白已暴露的小事情，随后提出离职。离开公司后李某还不忘多次暗示还在岗的张某和王某，让他们销毁相关证据，以为只要自己不说，公司是查不清楚的。在这种错误思想的引导下，张某和王某都拒绝配合调查，最终被移交司法机关处理。2020年，三人分别因受贿罪和行贿罪，被判处刑期不等的有期徒刑。

公司不仅对内部员工受贿和腐败行为持"零容忍"态度，也要求合作伙伴遵守所有适用的反腐败法律法规，遵从业界通行的道德标准，遵守《华为公司合作伙伴反腐败政策》的要求。在每年的合作伙伴大会上，都有内控和反腐专题，要求合作伙伴在向华为提供服务和履行合同义务时，或代表华为向华为客户或其他第三方提供服务和履行合同义务时，不实施任何形式的贿赂和腐败行为，对违反政策的合作伙伴，公司会按照相关政策处理。

2017年至今，公司依据合作协议和反腐政策对问题供应商进行了严肃处理，对主动举报的供应商进行了奖励，将不配合的供应商列入黑名单，这不仅挽回了公司损失，也极大地促进了诚信环境的建设，保证所有合作者处在一个公平竞争的环境中，获得公平机会与合理利益。

勿以恶小而为之

我们发现在供应商选型测试、收发、验收等环节，员工存在故意刁难供应商并索取好处的现象。个别基层操作员工，利用手中的权力，通过给供应商设置障碍、吃拿卡要，影响业务的正常运作。例如，个别华为驻厂人员要求供应商提供免费招待餐及专车接送服务，供应商反馈如果不派车接送，其验收和交货的进度就总是很慢……这就是典型的"小鬼难缠"现象，给公司的形象造成巨大的损害。

究其本质，这个现象就是"操作层腐败"。这些人虽然权力不大，但给公司带来的危害，绝不仅限于那些不当获利。比如在测试环节，对关键元器件质量管控上故意"放水"，就可能造成整机批量的质量问题，如不加以有效遏制防范，将给公司造成十倍甚至百倍的巨大损失。

2015年行政分部拟在华为东莞南方工厂园区设置自动售卖机，以方便员工日常生活。这项新业务交到行政基层员工张某手中，此人负责园区的服务监管工作。某自动售卖机厂商上门找到张某推荐自己的产品，并表示可以拿出销售额的一部分作为支付给华为的场地租赁费及电费。张某发现了这个"商机"，告诉该厂商自己全权负责此事，可以引进该厂商并免费提供场地和电力，但要求将一定比例的销售额作为回扣支付给他本人，否则以其资质是无法入围的。此后张某利用公司对新业务信息的不熟悉，在给行政决策部门汇报时隐瞒了这部分内容，并包办了从需求申请、供应商选择和进场验收等环节的一系列工作，最终顺利引入该厂商。为了让厂商按时支付回扣，张某时常以巡检发现售卖机的食物未及时补充为由，暗示其存在问题会上报，以此进行威胁。但好景不长，公司收到举报，后将张某移交司法机关，2018年其被司法机关批捕。

园区中摆放的自动售卖机，售卖的都是不起眼的饮料和零食等，但在别有用心的人眼中，它也能成为敛财的工具。他们虽然权力不大，贪婪起来却往往无底线，有很强的侵蚀性，"吃拿卡要"如果不被及时制止，容易形成"羊群效应"，相互效仿，甚至形成潜规则。

监守自盗，伸手必被捉

"手莫伸，伸手必被捉。"在大数据时代下，只有心怀敬畏，方能行有所止。2014年，审计项目组曾对研究所的实物安全做过审计，披露了物品管控存在的问题。业务部门也进行了整改。那时候的高风险物料主要是单板。2020年，随着公司存储、计算、云业务的快速发展，市场上对相关产品的需求也随之增多，尤其是高性能服务器CPU、内存条、硬盘等，更是紧俏商品。个别员工发现研发物料的管理漏洞，利用早晚库房无人的时候从实验室盗走高价值物料，并利用第三方平台销赃。反腐项目组接到举报后，通过丢失物料编码、内部视频和物料管理相关IT系统等众多信息进行排查比对。经查实，一个热衷网络赌博的实验室管理员，他在两年内先后多次盗窃市场价值近千万元的物料，对外低价变卖获利三百多万元。反腐项目组前后集中处理了几批偷盗事件，相继有多名员工（含外包员工）被移交司法机关，涉案物料价值数千万元。

随着华为业务的变化，高价值、易变现的风险物料也随之改变，但实物管理的基本方法是不变的。针对多起偷盗案暴露的问题，研究所和产品线组织了复盘，以提升各级主管的内控风险意识，对资产进行全面盘点和自查自纠，同时邀请内审部、法务部的专家进行内控要求的培训和法制教育。

保护公司无形资产，任重道远

华为公司的知识产权，尤其是技术秘密和商业秘密，是公司最重要的资产，是全体员工辛勤劳动的果实。公司明确，"我们要尊重别人的知识产权，也要保护自己的知识产权，凡是偷盗公司技术秘密、商业秘密和财务资产的，一定要严惩。无论他跑到哪里，无论什么时候，无论时间多长，无论我们花多少代价也要追查到底"。可见知识产权对一个科技公司的重要性。

反腐项目组协同法务部、知识产权部一起查处过数起窃取公司机密信息非法获利的案件，及时防止信息扩散，降低公司经济损失。他们有拍照录像的，有偷偷打印的，甚至有手抄电路图的。这些人有普通的研发工程师，有公司的专家，也有身居要职的主管。有一个案例，公司原某子产品线总裁，在辞职创业过程中，指使多名下属采用多种技术方式，绕过公司的监管，将某产品的全部开发文档和源代码拿走，修改后开发形成自己的产品对外销售，将数千名华为员工多年的劳动成果偷走，披上一件"外衣"后作为自己公司的产品卖出，最后他被以"非法获取计算机信息系统数据罪"判刑。

华为每年投入几十亿美元的资金去攻坚前沿产品，而一款好产品可以让一个小公司迅速成为主流公司，外部的诱惑呈几何倍数增长。其中一名员工胡某悔恨地写道："法律是铁面无私的，真正热爱公司就更不应该做违法乱纪的事情。在看守所度过的这段日子，是我这辈子都无法忘记的经历，它拿着警钟时刻敲响我的脑袋——金钱的获取需要走合法的途径，不能抱有侥幸之心。因为天下无不透风的墙，法网恢恢，疏而不漏。"

遵从当地法律，提升全球的起诉、司法能力

我们要逐步加大监管的力度，宽大不能无边，逐步加大司法惩治的力度，特别是主航道上的违法。我们要坚定不移地反对腐败，对违法的员工，对顶风作案的严惩不贷，绝不手软。要提升全球的起诉、司法能力，遵从当地法律要求，对犯法的员工就地执法。

某国家行政主管在职期间虚增采购金额侵占公司资产，并向多名房屋中介索要好处费。他是知名法学院毕业的高材生，对自己的违法犯罪行为心知肚明，却知法犯法，认为自己在海外做的事情，国内司法机关没法管，自己作为中国人，当地司法机关也管不着。在这种"两不管"的错觉下，他将公司反腐要求抛之脑后，最终公司在当地报案。警方审查后认为其行为已经涉嫌触犯当地刑法，将案件移交给当地检察部门，并向当地法院提起诉讼并判决，在本地监狱服刑。这个案件对整个地区部的触动非常大，很多人认为中方员工触犯法律都会在国内被移交司法机关，且取证难度较大，没有想到公司的司法能力

已经在全球建立起来，而且反腐的决心是如此之大、如此之坚决！在学习案例后，公司在该区域的诚信环境有了明显改善。

有一些国家的劳工保护非常严格，这就要求我们在海外反腐必须熟悉当地法律法规。2020年，反腐调查组收到某国本地交付工程师在交付项目中通过虚增工程量获利的线索，项目组第一时间与当地法务人员交流需注意的问题并得到其全程支持。西班牙语是他们的母语，而中方员工只会英语，本地调查员和法务人员充当了主力，我们一起讨论工作目标、方法和突发情况时的预案，"谋定而后动"成为项目组的口头禅。如在访谈中，我们现场输出当地语言与英文同步对照的访谈纪要，既可以确保母语能更客观地反映事实，也可以通过对照的英文让我们了解事情的真相。所有从第三方获取资料的现场，都有公司法务人员在场，都会由双方书写一份证明，确保原始资料的真实性和获取途径的合法性。被调查的本地员工曾对其他人说公司不敢开除自己。经过两个月的不懈努力，项目组将其舞弊的证据链补充完整，支撑的相关证据资料有数百页。本地员工面对完整的书面证据，不得不承认自己的经济舞弊问题。在其被公司开除后，也没有通过劳动仲裁的方式向公司提起诉讼，因为他知晓公司所有的证据和沟通过程都是规范的，起诉只会败诉。这件事情对本地员工和当地合作伙伴都起到了很强的威慑作用，原来华为公司对违规违法的行为是敢于"亮剑"的。事后公司陆续收到一些供应商的投诉邮件，很多邮件的最后一段都会写道，他们感受到华为公司对损害合作伙伴和公司利益的人的处理态度和决心，他们愿意和华为公司长期合作。

华为公司重视并持续营造诚信文化，要求每一位员工遵守商业行为准则，每一位员工以及与华为进行商业行为的实体和个人都应遵守和维护华为在反腐败方面的政策。恪守员工商业行为准则和职业道德，不弄虚作假，不投机取巧，不利用职务之便牟利，严守公司技术与商业秘密，捍卫职业荣誉，是每一位员工的基本职业准则。反腐的目的是要"治病救人"，"让千军万马上战场"，要在公司内部构筑"不能贪、不敢贪、不想贪"的氛围，让腐败在华为公司没有立足之地，"绝不让堡垒从内部攻破"。

我们不需要虚假的繁荣

严中园　杨杏玲　王润生　赵　明

华为公司一贯坚守诚信经营的底线，主动按上市公司标准要求财务报告真实准确，虽然不是一家上市公司，但每年度都会邀请国际四大会计师事务所之一的KPMG（毕马威）对公司的财务报表进行全面审计，之后再正式发布年度财务报告。任总要求各级管理者必须对所负责经营单元的经营数据的真实准确性负责，各子公司CEO/CFO必须对法人实体财务报告的真实准确性负责。KPMG方方面面的审查非常严格，华为选择全面接受审计并不是在"自找麻烦"，而是想要切实做到财务报告数据真实可靠，拒绝虚假的繁荣。

2001年，世界500强排名第16位的美国安然公司因业绩造假轰然倒下。此事除了使安然破产、多名高管因欺诈罪而被判刑，还促使政府出台《萨班斯－奥克斯利法案》，要求上市公司的

CEO 和 CFO 要对财务报告的真实可靠性负责。

业界这些案例提醒我们，诚信经营是商业公司的生存底线。华为始终坚持诚信经营，倡导通过诚实劳动获得相应的回报，但历史上也发生过个别员工为谋求私利、个人晋升、小团队考核目标的达成而业绩造假的情况，审计团队的一项重要工作，就是要去发现、查处和遏制业绩造假行为。

严查管控漏洞，确保业务真实

2006 年，P 办事处存货盘亏数千万元，过了一段时间，又反馈盘盈了数千万元，但盘盈与盘亏的货物清单无法对应。P 办事处向公司申请将盘盈与盘亏金额对冲，当时戏称"模糊核销"，这种操作自然没有被批准。公司要求内审部对该办事处的存货管理情况进行审计。

审计组发现办事处存货出入库使用 Excel 台账维护，信息记录不全，错误时有发生，且例行盘点缺位，使得存货账实差异越来越大。审计组隐约感觉可能与当时公司的借货业务模式相关。审计组发现无论是销售评审，还是供应链订单处理，都依据系统中的数据，不会去关注系统中的数据与销售合同实际签署的纸面报价单是否一致，而产品经理既是借货的申请人，又是借货货物的保全责任人及销售合同报价配置人，借货需求申请与核销信息提供的两个角色职责未分离。关键是产品经理在销售合同评审完成后，还负责纸面报价单的签返，如果存在无法核销的借货，产品经理有机会在配置报价单时将这些借货的报价单夹塞进去，以完成借货的核销。相关产品经理反馈这是市场销售领域多年来处理借货的通用做法，大家认为是正常的操作方式，甚至有产品经理提供了某代表处年底有关超长期借货核销的会议纪要，纪要清楚写明了哪些超长期未转售的借货需在哪些销售合同里采用这样的方式核销。

办事处存货既盘盈又盘亏一事随着审计的深入终于被查清楚了。实际情况是一些超长期存货无法转售，进行了违规加塞核销，借货在存货系统转为销售成本，但货物仍存放在代表处办公室或仓库里，表象是盘盈，这些货物被私自拿走是很难发现的。更进一步，如果产品经理恶意在BOQ（报价单）中夹塞客户并没有采购的设备，再利用发货环节漏洞，可以很容易骗取公司的货物，资产安全无法保障。

审计组将借货核销、存货管理的管控漏洞进行总结，发布了审计报告。任总阅读审计报告后批示要加快问题的处理。报告迅速引起全球销售部、合同商务部、供应链等部门的重视，全球销售部明确合同评审时必须加强销售合同BOQ签审不一致的核对与检查，合同商务部明确合同评审结束后产品经理不得再承担BOQ签返的职责，供应链对发货地址与收货人严格管控。

同时，审计组将销售合同BOQ管控机制漏洞、审计方法进行了总结推广。2008年至2010年，内审部陆续查实多个办事处多名干部员工骗货获利舞弊事件，公司按规定进行了严肃处理，在销售领域起到了有效威慑。通过对重大舞弊的查处、教育及管控机制的改进，2010年后，销售领域新发骗货舞弊大幅减少。

公司重申反对造假，员工申报轻装上阵

公司早在 2008 年就发布了《华为员工商业行为准则》，要求所有员工均应诚实守信，遵守商业行为准则，诚实劳动，恪尽职守，严禁欺诈，是帮助员工遵循法律与道德标准的指导规范。新员工入职培训的一个重要内容，是学习《华为员工商业行为准则》及相关违规的案例，每位员工每年都需要学习和签署这份文件，但即使在这样的情况下，仍然有个别员工出于种种原因铤而走险。

2014 年 7 月，公司内控部在对某代表处的销售业务做例行风险监控时，发现不同的内部文档中使用的印章存在差异，情况通报到内审部。内审部初步分析相关异常信息后，成立专项审计组进场审计。销售业务复杂、体量大，大量的内部业务文档每年需要用印章及签名。面对如此多的文档和印章，如何快速识别问题，成了摆在审计人员面前的最大难题！审计组几人分头把大街小巷的店铺走了个遍，做了大量的人工文档比对，同时推演了各种可能情形，方案逐渐清晰。

审计组陆续启动与多位客户经理、产品经理的面对面事实确认，过程非常艰难。公司希望员工可以自己认识到错误并深刻反省、加以改正，但当刚开始面对错误的时候，并不是每个人都有勇气的。审计组能够坚持的就是反复讲政策、摆事实、讲证据。涉事的员工最终坦承了代表处大量伪造电子印章和冒用签名等事实。

在海外，2017 年 4 月，内审部接到区域稽查部门转发的造

假线索：Z国可能存在员工造假，某系统部有两单长期未履行的订单上加盖的印章不同于平时的印章样式，客户经理不承认造假，推脱是客户方人员所为。事情转到审计组，该怎么破局？事情很棘手！

Z国是阿拉伯语、法语国家，审计组语言不通，求助一位当地财经同事给我们当翻译。一张张文档、一家家店比对印章留样记录，两周过去，事情没有明显进展。

这位当地的同事天天陪我们跑来跑去，她其实不清楚我们具体在核实什么。有一天，审计组请她来办公室，把疑似造假的订单打印件给她看。她默默地看着纸上的那两枚印章，突然对审计组用英文加阿拉伯语连比画带讲。我们终于搞明白印章上的阿拉伯文字顺序是反的，类似于"期"字显示为"月其"。也就是说，是一个不认识阿拉伯文字的人，使用翻译软件，把客户的公司名称翻译成阿拉伯文字，复制粘贴到空白电子印章模板里，阿拉伯文字按从右到左的顺序排列，结果散掉了，且当事人还不自知。

终于找到了突破口，后边项目进展起来就顺畅多了，审计组共查实Z国伪造电子印章十多处，业绩造假虚增大量业务指标。

审计报告发布后，在公司内部引发了广泛讨论。EMT就"业务造假行为"处理原则做出决议，再次重申公司坚决禁止"业务造假行为"，造假行为一经发现，对直接责任人解除劳动关系，如给公司造成损失，按公司相关规定进行赔偿；对触犯国家法律的，移交司法机关处理；对于责任人的直接主管、间接主管按公司相应规定承担管理连带责任，并要求历史上有"业务造假行为"的员工主动申报，放下思想包袱，轻装上阵："千军万马上战场！"

反对业务造假已深入人心，但依然任重道远

2016年3月，任总签发《华为公司改进工作作风的八条要求》（以下简称"干部八条"），把"绝不造假"作为改进工作作风的重要要求之一，"干部八条"成为公司考查干部非常重要的标准。在年会、部门例会等各种场合，各层组织的干部在下属的见证下举行"干部八条"宣誓，承诺聚焦工作，把全部精力放在为客户服务和创造价值上。公司自上而下反对业务造假、"打干净的粮食"的导向已深入人心，但个别造假案例仍有发生。

2017年4月，某小循环业务X国客户经理A突然失联。审计组进驻X国代表处，对A负责的业务全面审查，发现多个合同存在造假，POD（到货证明）、对账单等均为伪造，造成子公司经营报表严重失真和提前缴纳大额税款。

原来，早在2015年年底，因业绩目标完成不好，A期望客户配合将未来规划的项目提前下单，承诺申请低商务并承担仓储费，但客户不同意。A便制作虚假合同提交评审，后续用真合同冲抵并从私设的本地仓库发货。后来A的胆子越来越大，在2015年假合同还有大量库存的情况下，2016年仍继续冲刺业绩！当时A被评为"金牌员工"，所在业务的团队成员在2015年至2016年获得升职加薪，获得不少"军功"。

为了冲刺业绩，2016 年 X 国该业务最后一两个月紧急生产发货的项目，大部分无客户需求，仓储运输费通过部门经费、多元化激励、费用报销和跨合同内部调整商务申请等多种方式解决。后来 A 被移交当地司法机关处理。造假给公司造成大量的存货资金被占用、仓储退货支出、私下承诺商务折扣等直接或间接损失，耗费公司大量资源去清理追索。

是什么让造假"剪不断、理还乱"呢？究其原因，主要是团队管理者为了拿业绩，急功近利，疏于管理且法律意识淡薄。一方面，主管对下属盲目信任和不作为，只要是合同，不问出处。假 PO（采购订单）、假 POD 能顺利地一路"绿灯"跑通流程，甚至分别盖有不同印章的 PO 都能生效发货，究竟谁对业务真实性和交易风险负责？主管不看清项目 PO，只要商务报上来，在授权范围内就同意，对签审不一致的假 PO 视而不见。另一方面，业务管理过程中主管对于重大异常没有一查到底的决心。假合同的回款普遍超长逾期，需要用真合同缓慢冲抵。2016 年，集团在对账过程中曾经质疑部分超长 AR（应收账款）合同的真实性，要求产品线和代表处就业务真实性开展回溯，但未有效执行。

造假事件披露后，代表处立刻采取行动纠正错误，公司也随即紧急对囤在多个仓库的上万套设备进行盘点和保全，以降低损失。只有业务发展的同时做好风险管控，才能真正实现有利润的增长和有现金流的利润。

"遵守商业行为准则，诚实劳动，恪尽职守，严禁欺诈"是华为公司一直以来秉持的商业准则，是公司发展的基石，也是每位员工的庄严承诺。2019年1月，公司发布《员工行为管理细则指引》，它在《华为员工商业行为准则》的基础上对华为员工的行为提供更具体的指导，其中关于造假行为的内容，清晰列示了9种员工禁止行为，包括业务上的签署虚假合同或其他虚假文件。

历史上发生的这些业绩造假案例，在审计报告发布后，一方面业务管理者需要针对审计发现的事项制订改进措施、扣减经营单元的业绩指标等，另外财务部门也会迅速跟进调账，确保财务报告的准确性。这些年来，通过公司政策三令五申地强调和宣传、抓典型强威慑，我们欣慰地看到业务造假的趋势在大幅下降。2022年，公司要求审计部牵头对过去二十年的合同质量情况进行回溯评估，经过统计在全球范围内发现的案例及补充抽样测试，可以更加充分地看到这一点。

任总就在讲话中强调："……伟大的时代是我们创造，伟大的事业是我们建立，伟大的错误是我们所犯，渺小的缺点人人都有……改正它，丢掉它，朝着大致正确的方向，英勇前进，我们一定能到达珠穆朗玛。任何一个时代的伟大人物都是在磨难中百炼成钢的。矿石不是自然能变成钢，是要在烈火焚烧中去掉渣子的，思想上的煎熬、别人的非议都会促进炉火熊熊。缺点与错误就是我们身上的渣子，去掉它，我们就能变成伟大的战士。"

守护
——网络安全审计的故事

曹 宇 赖柳娟

从一份声明说起

2019年,又是十年不遇的高温天气,8月的"秋老虎"还是那么猛烈。我们躲在有空调的咖啡屋想吸收点宇宙能量,话题不知不觉就到了我们将要面对的新业务。随着一个短促的和弦音划过,手机屏幕上突然弹出一条新闻:

华为正式对外发布《华为网络安全立场声明》

网络安全是华为的首要任务。我们致力于支持客户网络的安全和稳定运行。过去三十年,华为在全球170多个国家和地区开展业务，为全球 30 多亿人提供服务。我们的设备从未造成大规模的网络故障，我们也从未经历过任何严重的网络安全漏洞。华为将继续为电信和 ICT 行业提供安全和高质量的服务。

这不是华为第一次对外发布网络安全声明，2011 年公司已经签发过《关于构筑全球网络安全保障体系的声明》。作为网络安全审计人员（华为网络安全管控体系中的第三层防线），我们回想起与第一层、第二层防线"相爱相杀""相濡以沫"走过的这十多年，可以自豪地说："审计亲历了华为公司建立起保障网络安全长效机制的全过程。"

我们的故事，正是从十多年前开始的……

你们懂网络安全吗

2011 年刚刚成立两年多的 IT 审计部，在内审部是一个独特的存在 —— 看起来平平无奇，不那么合群，但在 IT 领域总有惊人的审计发现。其成员平均年龄不到 30 岁，是一个非常年轻、朝气蓬勃的团队。2011 年年底，还没听说过网络安全审计的我们，接到网络安全审计的通知。

先立后破，2012 年 1 月，内审部迅速成立了四人审计组。当时大家感受到了沉甸甸的压力，以前内审部主要关注的是业务运营类风险，不管是售前、售后还是平台流程的审计方法，都已经"炉火纯青"，而"网络安全"对我们来说，还是比较陌生的概念。我们当时对网络安全的认识，还停留在政策发文层面。

对于网络安全来说，产品安全是首要的。1997年华为开始向IBM学习，引入集成产品开发流程IPD。1999年华为研发发布首批安全技术规范。2003年研发成立专门的网络安全解决方案部。2006年成立网络安全工程技术委员会，开始系统化构建产品研发安全。2010年，华为进一步将业界安全管理活动嵌入IPD流程的各个关键点，提升产品安全性，通过配置管理，保证研发过程和产品的完整性、一致性和可追溯性。嵌入安全活动的流程发布已经一年多，那在各BG的产品研发部门是否完全落地执行了呢？

"我们能发现问题吗？"
"审计能带来什么样的价值？"
"我们也要搞渗透测试吗？"
…………

还没开始审计，我们一连串的疑问先冒了出来。

外勤未动，策略先行。经过讨论，我们认为审计并非在技术上挑毛病，更多的是沿着网络安全治理架构与管理体系，揭示管理缺失或薄弱点，以及关键的措施是否得到有效执行，这是我们的长项！

确定了审计目标后，审计组首先进入"理解网络安全"阶段。审计组大概花了一个月的时间，一边查阅大量业界安全框架、模型，一边泡在各业务部门，前后访谈了30多名管理层人员、接口人员和安全技术专家。

我们此时更多的是诚恳请教，不断研讨消化，快速地理解公司的网络安全战略、政策发文、法律要求和流程控制点。

由于这是业务部门第一次面临网络安全的审计，他们也有些忐忑。在最初的交流阶段，业务的安全技术人员带着怀疑的眼光来看这次审计，甚至调侃审计组："你们懂吗？你之前是学什么的？玩过开发和安全吗？你们被授权接触研发机密了吗？"

我们也非常坦白："审计组有两人懂开发和技术，当然肯定不如各位技术专家在各自的产品领域那么专业，但我们有共同的目标！"

这次网络安全专项审计评估把风险全景图作为重要目标之一，为了看清楚风险，审计组采取了"一横四竖"的策略："一横"是指对网络安全端到端管理机制的全面评估，比如在研发领域，基于产品版本的端到端穿行测试了 IPD 流程的安全需求、安全设计、安全开发、安全测试、资料披露、配置管理和版本发布等产品生命周期各关键环节的机制建设和遵从；"四竖"即抽取四个典型重要的风险场景，在区域和子公司执行。测试完成后，反向验证机关在研产品的网络安全设计。

随着我们对风险和流程越来越深入的了解，慢慢化解了顾虑，打消了业务部门对审计的怀疑。各业务领域接口人员轮流给审计组讲解管理机制和流程控制点，配合我们完成流程穿行测试；技术专家给我们进行技术赋能，并开放他们的文档库让我们彻底检查。随着测试的深入，我们也在学习实践中总结了一套方法，比如通过数据流图法，清楚地识别某个产品会产生哪些数据类型，再结合流程和业务活动，描绘出数据流可能的去向，在哪里失去了防护，并还原风险场景，最后"画"出差异。一线业务人员表示惊讶："原来可以这样？"

经过 16 周的努力，第一个全球范围的网络安全审计终于完成。业务部门认为审计给他们带来了很多风险管控的新启发，之后，多个领域业务部门纷纷主动向审计组了解审计的端到端评估方法，将审计方法融入业务 Checklist（检查表）和管控机制中。同时，他们也迅速组织对发现的问题进行根因分析，制订改进计划，进行系统改进。

为产品安全保驾护航

2010 年，公司进一步成立全球网络安全委员会（GCSC），由当时的轮值 CEO 胡厚崑担任委员会主席，研发总裁、各 BG 总裁、全球技术服务部总裁、人力资源管理部总裁等公司各业务组织领导为成员，并邀请 John Suffolk 担任 GCSO（首席网络安全官），打造全公司端到端的网络安全体系。

在 2012 年 GCSC 年度工作会议上，GCSC 基于第一次全球网络安全审计结果，对各业务领域提出了强化落地执行的要求，并提出在 2013 年启动对三个 BG 的网络安全审计的要求。

2013 年，审计组启动对运营商业务、企业业务、终端业务的网络安全审计。

公司产品的特色是多元化。从成熟的基站、路由器、移动宽带模块业务，到日渐壮大的智能手机，再到初见雏形的芯片业务，产品众多。审计组通过分析发现，某个产品的需求分散在不同的平台进行评审，归一化管理不充分。

为了佐证我们的观点，在技术专家的帮助下，我们审视了某些特性的代码和产品设计书。在与业务部门沟通时，审计组呈现了这些直接证据，技术开发人员也很快接受了审计的发现和改进建议。之后，各 BG 强化了安全需求管理控制点要求。

审计组一方面从公司既有的战略目标、政策发文和流程要求出发看遵从；另一方面当业务的规则和标准还不够清晰时，可以通过业界最佳实践来评估风险和影响。

审计组发现某个业务在初始阶段相对独立，没有和其他业务领域一起统一管理。当我们向业务管理者提出其研发流程缺少部分网络安全 KCP（关键控制点）时，他们一开始认为业务成熟，不需要设置。审计组引用了业界类似业务因为缺少关键安全控制而导致缺陷风险增加的案例，来说明未设置 KCP 可能产生的网络安全风险和影响。我们拿着业界案例，和管理者一起探讨是否有必要在其研发流程中融入网络安全的评审和控制，管理者最终接受了审计建议。

2013 年年末，内审部总裁和审计组开了一个简短的民主生活会。她说："你们网络安全审计组肩负的是公司一项重大战略的合规审计，要用你们专业的方式，为公司保驾护航！"这句话让我们备受鼓舞。

优等生曾经也不达标

华为的客户遍布世界各地，产品销售和服务也遍布一线，管控网络安全风险自然不能停留在机关层面,更是要成为一线子公司必备的能力。2012 年从第一批重点国家开始了网络安全战略在一线的落地。

2013 年我们深入探索了子公司网络安全审计的方法,开始对子公司开展全面审计。

A 国子公司作为"第一个吃螃蟹的子公司",一直在默默努力探索如何面对本地营商环境建设本地网络安全管理体系。因此,他们在接到审计通知书时对子公司的落地执行是相当有信心的。

那一年的夏天,审计组一行人来到该子公司驻地,开始了为期一个半月的现场验证。该子公司驻地正值盛夏,40℃高温酷热难耐,审计组成员们早早吃过当地特色的美食,就赶到了办公室,开始专注审计测试。

随着越来越深入的沟通和验证,对照业界安全标准和公司要求,审计组发现了不少潜在风险和问题,最后的结果不太理想。这个结果对子公司来说犹如当头一棒,他们难以接受。

"你们有没有看到我们所做的工作?我们不仅任命了本地具备专业资质可信赖的安全官,还跟政府监管组织和所有客户都进行了交流,根据交流和分析结果发布了相关政策,而且已在落实的过程中!"一上来,子公司负责人就质疑审计组,有种还没开始就要结束的感觉。

"是的,代表处是做了大量的工作。"审计项目经理明显感到了压力,定了定神,"但这是我们对比公司要求,测试实际执行情况,进行详细分析后得出的审计结果,请看这些你们签署了的审计发现确认表。"

"公司这么多要求，需要三五年才能全部落地，可现在才开始一年多，是不是太急功近利了？"

由于期望与结果反差非常大，子公司负责人写了一封长长的陈述邮件发给审计管理层，列举了这一年多来付出的努力，希望审计组可以给出相对好的打分结果。

越是有不同意见，越需要充分沟通。第二轮沟通中，本地管理层逐步认识到问题的根因所在。从本地管理层的视角，他们确实做了很多，包括公司政策到本地流程适配，但由于还没有匹配到实际的业务场景，影响了全面落地。比如操作记录和流程控制是有的，但由于不同的交付项目，使用的系统和工具不同，审计入场后发现部分记录不匹配。

子公司管理层最终接受了审计结果。离开现场不久，审计组就收到当地主管发的一条消息，大意是：当地的某个大T客户对我们进行了一次外部审计，对一个交付系统的数据库部署存在疑问。我们一看你们的审计报告中已有披露，于是将审计发现和改进结果发给了客户，不仅打消了客户疑虑，客户还大大称赞华为的网络安全管控机制非常完善。

GCSC会上，轮到这位国家网络安全官做述职时，只见他站在台中间，首先对台下鞠了一躬表示歉意。他的述职报告很深刻地剖析了根因，提出了全面的改进计划，并表明了彻底改进的决心。

在会议间隙，该网络安全官碰到了审计组，还颇为幽默地笑着说："感谢你们帮子公司发现了问题，提出很有价值的建议。

以前需要我找别人,现在我的门口都排起了长队。"

另一个子公司的网络安全官,是从当地聘用的一名资深人士,看上去既严谨又严肃。在出具不达标的审计结果后不久,他在述职中诚恳地对推行状况感到抱歉。公司认可了他对当地网络安全建设所做的重要贡献,之后给他委任了其他的专家岗位。

在机关要求还未被一线完全理解的情况下,激烈讨论甚至争吵是不可避免的。每一次 PK 后,业务部门都对公司的网络安全管控要求有了更深的理解和更好的接受。争吵归争吵,业务管理者最终还是认可网络安全审计带来的价值。

几年时间里,网络安全审计组也从开始的四人组扩展成十多人的团队。我们的足迹遍布几十个国家和地区。业务部门也从当初的怀疑审计,到欢迎审计。

2016 年 5 月,欧洲联盟(以下简称"欧盟")通过并发布了 GDPR(《通用数据保护条例》),并允许有两年的执法缓冲期,意味着 GDPR 到 2018 年 5 月正式生效。为了更好地遵从相关条例,公司增设了合规组织和 DPO(数据保护官)等关键角色岗位,并且强化了相应的管理要求。审计也没有辜负历史使命,用了短短五个月时间,高效完成了两轮 GDPR 合规审计。随着业务主动管理和自我改进的全面深入,子公司全面达到了满意的控制水平。

业务不再害怕审计,审计亦是老师

根据公司战略调整和内外部环境的变化,GSPO 体系增加了风险识别管控以及稽查体系的第二层防线建设，近几年内审部也重点加大了新业务、新组织和新法律方面的投入力度，如智能汽车、云计算、鸿蒙操作系统、数字能源、军团和中国个人信息保护法等。

我们每季度研讨时都会静下心来思考审计的立身之本——审计方法。自2012年以来，审计组不断探究网络安全业界最先进的审计框架和程序方法，在每一次审计项目完成后对审计程序不断补充、优化和固化。网络安全审计组逐渐在网络安全审计领域树立了专业性和权威性。不断有行管、内控或子公司人员来邀请审计组做检查方法的分享。业务人员说："我们不再害怕审计，你们既是审计，又是老师。"

通过审计，网络安全的风险得到了充分的暴露和揭示，因为暴露问题才意味着有机会及时、彻底地改进。我们需要通过审计在内部千锤百炼，不断从内部发现问题，经验教训得到及时的复盘和总结，和业务共同守护数字化智能世界的网络安全和业务成功。

深入业务查风险,助力风控新"起航"
——企业业务内审实践

王 康

给扬帆起航的企业 BG 打了一针"镇定剂"

业务发展迅猛,反腐迫在眉睫

华为公司的企业业务,从最初的专网系统部,到行业市场部,再到安捷信,2011年正式成立企业BG,并于当年11月完成对华赛的收购,形成了IP(网络)、UC(统一通信)、IT(计算)及存储等多产品线的齐头并进,人员规模也逐步从几十人发展到上万人,成为企业市场ICT解决方案的主流供应商。随着业务发展蒸蒸日上,华为销售人员在企业市场上的话语权和影响力也与日俱增,随之而来的是腐败问题滋生。2011年至2012年上半年,内审部查实中国区企业业务的舞弊、群发案件增多，其中有些还是系统部、办事处的企业主管，也有涉事的同事才刚入职一年到两年，企业网的腐败现象对公司高层和 BG 管理层带来强烈的触动。

共策《致企业 BG 员工的一封信》，树立"清水养大鱼"的反腐基调

  面对接二连三的舞弊案例，企业 BG 管理层意识到腐败已成为业务发展和队伍成长的重大障碍。企业 BG 总裁联合内审部，认真剖析舞弊案例，于 2012 年 10 月面向企业 BG 全体员工发布《致企业 BG 员工的一封信》，语重心长地自揭伤疤，系统性阐述了外部环境、个人自律、思想教育和监管不力等多方面舞弊根因，展现了 BG 高层直面问题的决心。公开信一方面重申铲除腐败的基调要"清水养大鱼"，另一方面组织案例学习，倡导曾经犯过错误的员工积极自我申报，给员工松绑、强调不秋后算账，让大家放下包袱、轻装上阵。此文一发，在广大员工中产生了积极的发酵作用，也挽救了一批差点误入歧途的主管和员工，树立了清晰的反腐导向，发挥了良好的反腐示范效应。

  这个阶段，内审部查实的舞弊场景主要体现在窜货和总代多留利上，中国区随即出台了止血措施：一方面完善并落实项目真实性管理要求；另一方面出台了总代出货价透传机制，打破信息不对称。经过我们的验证，截至 2012 年年底，中国区基本解决了总代异常留利的问题，并且系统承载的项目真实性材料也越来越齐全，窜货规模呈现下降趋势。客观地看，业务针对"哪里痛管哪里"的"靶向药"对于遏制窜货和总代异常留

利问题确实发挥了立竿见影的功效。

企业审计初期体验的"苦恼"

2012年年初,企业业务内审部正式成立。回想起内审部专门设立企业内审部的初衷,我理解最主要是贴近企业BG的业务,发挥内审"查"的价值,及时发现业务运作机制及执行中存在的重大风险,有效牵引管理改进。还记得2012年刚过元旦,我从区域内审调回机关报到的第一天,领导找我谈话:"前期调查发现了一些企业BG人员舞弊的问题,但是在控制层面揭示的问题不够,这是交给企业审计团队的任务,当务之急要多发掘控制机制和执行上的问题,同时也要尽快提高企业业务的审计能力。"听完领导的一番要求,我频频点头表态的背后其实是一头雾水,说实话还没想清楚企业业务审计该如何下手。

先从学习流程开始了解业务。企业业务与运营商业务最大的差异点是渠道销售,控制的核心在于通过CC4(客户经理、产品经理、渠道经理和服务经理)交叉验证项目真实性。带着速成的理论知识,我走访了北京、上海一些业内知名渠道商,从他们的话语中我能感觉到他们对华为反腐的基调半信半疑,与实际业务中打交道的感知有差距,不乏心直口快之人吐槽贴着华为客户经理的渠道可以得到更多的厂家资源和机会,每天不仅要想着如何服务好客户,还得"伺候"好华为客户经理,否则自己运作的项目有可能会被踢出局。聊到最后,渠道商们纷纷表示要顺应"游戏"规则,毕竟还要在这个生态圈里寻找生存空间。走访下来的直观感受是华为客户经理在渠道商心目中的地位很高、权力很大，这一点从华为客户经理在过往舞弊查实人群中的占比较高也得到了验证。华为客户经理变现方式主要体现在协助渠道窜货、联合总代多留利，但审计肯定不能止步于此，我们要回答的是风险全貌。带着使命和疑问，我开启了此后六年的企业审计生涯。

虽然以前我没做过企业业务审计，但自信对业务流程审计的基本套路还是熟悉的，结果按审直销业务的方法先试，却发现找不到感觉，直销业务中常见的越权决策、虚假核销和签审不一致等问题在企业市场似乎都烟消云散。测试验证要用到的也不仅仅是内部信息，由于归档不全，审计组提出更多的资料需求，困难也接踵而来：

> 渠道交易合同不全，业务部门很诚恳地回应，我们尽全力去协调，但毕竟是合作伙伴，不能太强势，还是要商量着来。但往往一份合同的资料获取一两周都没有进展，时间却被慢慢耗尽了。

> 特定项目想去用户现场看看设备安装情况，业务部门解释说，不能贸然前往，日常都是渠道商在接触，我们可以让渠道商试着预约。随后，就收到渠道商的回复，用户表示各方面都很满意，暂时没时间接待原厂人员。一来二往，项目疑问仍是疑问，始终没有办法查实。

> 为了了解到更多的项目信息，我们访谈客户经理时，他们把项目运作过程表述得非常规范，听起来很有道理；

访谈总代时,他们各种夸赞华为客户经理专业、坚持原则,对项目支持力度很大;访谈二代时,绝大多数觉得华为各方面都是他们学习的榜样,尽管行业内是有一些负面问题,但是华为整体上是好的。听下来由内而外散发着一个字:好!

开展企业审计的前两个项目,以为按部就班就可以发现问题,而实际感觉是看风险就像隔了一层无形的网,用不上力也看不清楚,虽然也发现了一些问题,却基本没超出"渠道窜货"和"总代异常留利"的范畴。难道真的就只是这些问题吗?我心里仍然画着一个大大的问号。

走进企业江湖,探究风险拼图,揭示内控严峻状况

2012年,我做了两个审计项目,回来后我一边复盘得失,一边和同事们交换看法。我渐渐意识到,束缚我们手脚和蒙住我们眼睛的原因是,渠道业务天然是一个内外部信息不对称的领域,唯有想办法冲破这层网,才有可能看到更完整的信息链。于是我先从搞清楚这门生意的本质开始。我在无意间翻开了多年前存放在电脑里的一篇网红小说《做单》,里面谈到一名销售人员项目运作的点滴以及如何与渠道商周旋过招等,联想到此前一位企业部部长和我聊天时提到的一句话,"企业业务和运营商业务的客户经理不一样,运营商业务的客户经理是打工,企业业务的客户经理是把每个项目视同自己的生意在做",这不就是"做单"吗,我仿佛对企业业务多了点体会。

在浮躁和怪象丛生的社会中,渠道商天然追逐低买高卖的利差。部分渠道商为了达到利益最大化，会不惜代价拉拢设备厂家的销售人员，这种"利益场"势必会破坏正常的市场秩序，挫伤追求真正价值渠道商的合作意愿！思前想后，既然这个业务乱象多，那就不可能密不透风，总有人愿意鸣不平。不过能不能找对门道得看我们的本事，不管三七二十一，我先扎到企业"江湖"里去碰碰运气。

渠道助我专业成长，我向渠道传递正能量

在接下来的审计项目里，为了避免再次掉进"打太极"的困局，我都会带着审计组主动上门和渠道商交流，不怕吃闭门羹，脸皮厚一点、自己辛苦点。我记得有一回，预约一家地市集成商的负责人，对方表示只有第二天下午2点有一小时空隙。我们评估完重要性后，第二天清晨坐了6个小时的绿皮火车准时赶到了集成商门口。集成商负责人看到我们这么诚恳，谈了很多项目运作的细节，甚至现场给我们提供了合同扫描件，这对后续验证项目及渠道问题发挥了重大作用，那个时候我体会到了心诚则灵。

我们很努力地见了各层级的渠道商，从总代、VAP（增值合作伙伴）到二代，有一定的收获，但是距离了解项目运作的全貌总感觉有差距。回到办公室头脑风暴，是不是我们太盲目了，还是没找对人、号对脉。大家冷静下来，再打开代表处的合同交易清单，几个奇怪的数据特征引起了我们的注意：为什么有些客户的项目做着做着就换渠道了；为什么有些项目不仅有二代还有三代甚至四代；为什么有些小渠道能做多个行业的项目而且总有三代；这正常吗；如果找到行业里的主流"玩家"或者交易链路上更靠近客户的三代甚至四代，能不能给我们一些解答呢。

我尝试拨通了一个特价项目里三代负责人的电话，可以说这通电话为我们后续的工作打开了一扇窗户。对方在电话里就和我们抱怨了半小时，紧接着约好时间见面又聊了两个小时，让我们收获了很多内外部信息不对称的细节。

往后的几年里，我走过了大部分中国省份和海外企业业务重点国家，打个不夸张的比喻，白天不是在和渠道商聊天，就是在去见渠道商的路上。衷心感谢全球各地可敬可爱的小伙伴们的帮助，我那会儿满脑子装的是"窜货、炒货、飞单、过单、控盘、吐点、借壳"等名词，才知道窜货其实是入门级的造假手段，会高级"玩法"的大有人在。接触久了，我逐渐能和渠道老板们搭上话茬子，谈起企业业务的风险也越来越接地气。如今我回想起渠道商无私地帮助我们协调资源寻找刻章窝点，曾创办渠道的前华为人侃侃而谈对华为的感情，深夜吐槽项目运作中种种不公平的乱象，投诉被敷衍的愤愤不平，面对长期压货言语中流露出无尽的无奈和抱怨等场景都还历历在目，这些经历都潜移默化地促进了我对企业业务审计的专业积累。经过十多个审计项目的历练之后，我对企业业务的风险拼图逐渐有了更全面的认识，与此同时也摸索出一套行之有效的审计实战打法。

2015年的冬天，我刚结束一个项目回到深圳机关，突然收到当地渠道商寄给我的一封信，里面是一份前期在现场迟迟未提供的合同复印件。我随即拨通了该渠道总经理的电话表示感谢,他坦诚地表达了对我的信任,说他感受到华为审计是动真格的,虽然行业风气不太好,但是华为的导向和动作与众不同,笑称也许"天下乌鸦并不一般黑",并表示自己会坚定地和华为走下去。听到这番话,我的内心顿时一阵小激动,不仅是因为听到合作伙伴对我们审计的褒奖,更重要的是通过我们的工作,确实能为传递华为正能量、构筑有凝聚力的生态认同感做出我们的贡献。这也让我更加坚信,绝大多数的华为合作伙伴会相信阳光规则比潜规则能走得更长远,只有构建公平公正的商业环境和生态,华为企业业务才能发展得更好。

"双管齐下",持续构建有效威慑

随着2012年至2013年国内企业市场总代异常留利问题的逐步根治,国内的风险开始延伸到二级渠道过单留利,海外开始冒出总代异常留利问题,同时涌现出不少恶性窜货/压货、体外资金池和交叉补贴等严重问题,连续几年的渠道商满意度调查也怨声载道。这个阶段是审计和调查"双管齐下"发力的过程,调查保持着高强度威慑,多个省份陆续都查实BCG案例,其中不乏群发案件,少数企业主管被移送司法;审计覆盖了绝大多数的重点代表处,商务和渠道领域揭示的内控问题也颇具代表性,审计委员会发起对某企业部长的弹劾,并要求多个企业业务的部门专项内控述职。到2015年年底,企业BG的内控成熟度还徘徊在略不满意(40%)的水平,远落后于运营商BG,多个代表处仍低于40%,甚至处于不满意水平。整个BG的风控局面就好比在"打地鼠",这头刚按下去,那头又冒出来,整体改进节奏就像一艘快艇驶入了"深水区",行进缓慢,成效不佳。

牵引三层防线形成合力,开启企业内控新航程

由于客观上存在三层防线各自看待风险的角度、工作重点有差异和主管内控意识提升赶不上业务发展的速度等情况,改进步伐确实遇到了一定的瓶颈。而在我看来,经过几年的耕耘,企业业务内控改进的导向和基础是好的,或许推动三层防线对TOP风险进一步达成共识,能够帮助改进提速。

耳熟能详的风险鱼骨图

基于这些思考,2016年年初,企业内审部结合业务特点、风险特征和过往审调情况,从审计视角梳理出需持续关注的TOP风险,为此我画了一张"3+4+5"的鱼骨图便于大家直观

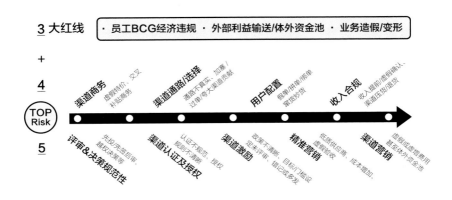

企业 BG TOP 风险

理解。这是三层防线在华为实践最好的例子之一。

我们并没有孤芳自赏,而是开诚布公地与流程 Owner、内控和稽查等角色开展了多轮 TOP 风险对标,避免各方因风险不认同、理解不一致而对关注重点摇摆不定,继续"九龙治水",这个过程为增进彼此信任、形成改进合力奠定了良好的合作基础。

一次记忆犹新的高层指定项目

一次突如其来的高层指定项目经历,竟然为增进与业务的合作注入了一剂"强心针"。记得那是 2016 年的夏天,我当时在外地出差,突然接到领导交代紧急任务:启动中国区非标授权函专项审计。背景是公司收到财经部门上报的关于非标授权函对外担保的重大风险,要求内审部尽快整体回溯。

对标后,我们随即回顾了历史上所有企业业务对外担保授权的相关发文,发现企业 BG 将授权函业务全部授权给了地区部企业业务部部长决策,不仅决策层级与公司要求不一致,而且没考虑"对外担保的连带责任"这种高风险场景。

接下来的几周里,我们又联合法务部分析了中国区开具的非标授权函单量约占整体的 4%,有连带责任的约占 1%,均是在中国区企业业务内部决策,进一步检查发现其中几份居然涉及华为承担渠道的全部违规连带责任,好在实际尚未发生承担责任的情况。

到写报告的时候我有些犹豫了,参照传统审计报告的披露方式,似乎难以准确呈现检查结果和风险全貌。当时领导的提醒给我的思想松了绑：公司交代的任务是要看到完整的回溯情况，不要拘泥于传统的展现形式。在经过几番严苛的报告评审之后，我们最终采用 PPT 的形式：一方面客观呈现出历年来公司对外担保授权相关发文中的问题；另一方面一五一十地展现非标授权函中不同风险敞口的比例，突出承担连带责任的高风险场景，同时牵引根据风险分级决策的管理导向。在报告的最后，我们还附上了当时企业 BG 联合相关部门的改进进展，向公司传递了业务积极改进的一面。

报告发布后，时任企业 BG 总裁还特意对内审的工作表示了感谢。他说原本以为审计报告只会聚焦说问题，在这个报告中看到了审计在促经营方面展现出来的"专业温度"，能结合企业业务特点传递基于原则、基于目标、基于风险的分层风险管理导向，跟他们努力改进的方向不谋而合。后来企业非标准授权函的业务沿着这个思路在不断优化，审计也顺着这个方向在持续探索。

众人拾柴火焰高，三层防线力出一孔

2016 年 4 月，企业 BG 发文启动内控基本满意建设，特别强调管理好高风险是有效增长的基础，正式推出全球共性"TOP 4+5"高风险固定靶，流程 Owner 主导改进，区域落地适配。往后几年，鱼骨图承载的内容都发挥着风险"指挥棒"的作用，2021 年我再次踏上外派征途，一次偶然的机会，地区部企业主管向我介绍风险地图，胸有成竹地拿出了令我倍感亲切的鱼骨图推演管控措施，我心中暗喜，"余韵悠长"。

围绕"TOP 4+5"风险，各流程 Owner 迅速牵头，联合一线制定改进路标，内控部及时刷新 CT（Compliance Testing，遵从性测试）/PR（Proactive Review，主动性审视）等测评要点，内审部也正式发布了打分指引、牵引改进重点。同时，企业 BG 于 2016 年下半年开始组织监管"重装旅"训战，覆盖重点国家和地区的业务主管及骨干员工，着力提升作战团队的内控意识和能力。我们作为第三道防线的中坚力量，也积极承担了逆向查部分的核心课程开发、授课和实战导师的任务。三层防线，力出一孔，力争帮助企业 BG 分阶段实现内控基本满意的目标。我个人融入其中，切身感受到众人拾柴火焰高的力量。那时候，凭借在企业业务审计领域摸爬滚打了几年积累的经验，业务部门常常笑称我是企业内审"最年轻的老专家"。

经过多管齐下的持续努力，在审计项目里我开始感受到越来越多的业务主管当责意识和管理行动的转变，从"要我管"到"我要管"、从"谈困难"到"想办法"。例如，国内多个企业业务部部长亲自拜访集成商核实情况，主动识别电力行业风险并开展调研，围绕行业/商务/渠道等关键要素区分项目风险等级并运用到业务决策中，这些做法不仅有利于改善内控氛围，而且在一定程度上能避免业务决策变成"听故事会"。海外多个企业业务部部长主动察觉体外资金池、业务变形等异常风险、主动揭示本地员工内控风险并积极配合调查等。越来越多的一线主管意识到抓好内控，解决好历史问题，能够更好地促进员工放下包袱，轻装上阵，"多打粮食"。

2016 年 10 月，经过审计验证，杭州代表处成了企业 BG 第一个"基本满意"代表处，为整体改进方向树立了标杆、坚定了信心，企业 BG 从此开启了内控加速航程。

随着企业 BG 业务规模的逐年攀升，人拉肩扛的监管效率开始出现瓶颈。2017 年开始，在持续聚焦 TOP 问题改进的基础上，企业 BG 提出打造数字化风控平台，期望通过对数据的实时分析和监控，及时支撑业务决策中识别和管理风险。该项目由企业稽查部牵头，三层防线共同参与，企业内审在其中贡献了大量风险指标算法和历史问题大数据分析，我也有幸参与了平台架构设计的多轮讨论和头脑风暴。企业 e+ 平台一经推出，发挥了超出预期的风险洞察和事中提醒效果，经过几年的迭代，逐步成为其他领域数字化风控平台学习的榜样。

后记：一次难得的训战经验

2018 年开始，为响应公司对审计"要在理解业务的基础上做监督"的要求，部门选派多名专家/骨干人员投入业务训战，深入理解业务。2018 年 5 月底，我加入某机场总集项目组，历时五个多月，真正从业务视角感受企业业务，也见证了项目的成功。

项目由华为和华为合资公司联合体中标数亿元，下辖数十个子项目，交易通路及解决方案场景复杂，PD（项目经理）让我负责渠道及采购，看护好伙伴选择和采购业务。这个项目的交易模式很有趣，从前往后看是华为渠道销售，从后往前看是华为合资公司集成采购，当时对于此类项目还没有成熟可参考的规则和流程，行管设计流程也没考虑过会有这朵"奇葩"。

规则没梳理清楚，流程之间互掐，眼看着进度一天天延迟，客户不满意，PD 感慨最多的话就是"做项目太难了，说'不'的人太多了"。如何打破部门墙、拉通流程断点，保障项目迅速推进，是我们在项目现场不变的话题。

抱怨终究不解决问题，当时大家还是攒着一股劲要把事情做好，自我激励："简单还需要我们干吗，干出来就是中国区的样板！"结合对业务场景、流程和风险的理解，我主导梳理了一套合作伙伴选择和采购介入的融合规则，既要考虑适配项目场景提高效率，也要确保流程遵从、风险可控，接下来是一轮又一轮的汇报，终于推动华为 SDT（销售决策团队）和华为合资公司达成共识、批准规则落地，此后的项目运作也越走越顺畅，据说这套规则后来被多个集成项目参考借鉴。2019 年 7 月我收到这个项目的总裁嘉奖令奖章，实现了当初刚进项目组的誓言（证明审计也能干好业务）。通过训战，内审人员均收获了代表处或项目组的肯定，更重要的是加深了对业务的理解。

2020 年该项目还经历了一次专项稽查，风险基本可控，PD 拍拍我的肩膀说："幸好当初有你在，我们心里有底。"我笑着回应："你得请我吃饭，我为公司保护了一名高潜干部。"

读懂终端业务看风险,贴近管理做审计
——终端业务内审实践

王述伟

2014年,随着 Mate 7 的一机难求,终端全系产品持续热销,业务规模不断扩大,新人不断加入,干部跑步上岗,业务快速发展的同时,流程和规则建设相对滞后,内控风险不断暴露。时值我刚接手 CBG(消费者业务)内审部,面对全新的环境和复杂的局面,如何帮助业务管理层快速建立有效的风险管控体系,防范系统性风险,是我们团队面临的重要任务。

消费者业务对公司是个新行业,对内审部也是一个新领域。要帮助业务部门管好风险,先要从理解业务入手,我们全员集中学习研讨业务流程和历史问题,邀请业务专家来讲解业务运作,并主动"走出去"和业界作交流,做到人人懂业务、心中有风险。在部门内部打通审计调查资源,在审计过程中及时识别流程漏

	审计目标	审计策略	价值发挥
三层防线携手 业务 内控 + 审计	**内控成熟 度提高** 分领域 分阶层 有牵引 可达成 **腐败趋势 下降**	沉下去，读懂业务扫描风险 走出去，掌握行业规则 钻进去，识别新流程盲区 项目群审计，一个问题、一类解决 管理互动，共建内控场 精准反腐，遏制规模性腐败	**早发现** **早预警** **快改进**

CBG 内审工作框架

洞、机制缺陷，查实行权违规和员工贪腐问题，让风险披露更深入、威慑和改进更及时。同时有效协同三层防线，流程内控解决大部分遵从的问题，稽查对准内外部业务造假的问题，审计则系统评估和威慑，多管齐下，保证流程建设和实质遵从。

在工作开展过程中，我们坚持以公司利益最大化为导向，逐渐摸索出一套内审工作框架，就是以"内控成熟度提高、腐败趋势下降"为目标，通过六大审计策略，有效开展业务学习和风险洞察，通过项目群审计推动共性问题解决，与管理互动联动、共建内控环境，落实公司的冷威慑原则、精准反腐，将内审价值闭环到风险防范与管理改进上，帮助 CBG 管理团队早发现、早预警、快改进。

沉下去，读懂终端业务，动态识别风险

2011 年以前，消费者产品以定制化为主，是运营商业务的

补充;2011年,公司决定面向消费者拓展新赛道,消费者产品以华为品牌走向市场,传统的定制化产品转向自有品牌,渠道拓展、营销投放、零售店面和维修服务等业务随之而来,不仅业务部门面临着如何经营2C业务的新挑战,流程框架和风险评估管控工具也亟须建设。如何解决这些问题,公司审计变革的核心理念就是要从学习业务入手,分析业务风险。

消费者业务的特征是什么?审计团队围绕这些特征,应该聚焦到哪些风险呢?

首先,产品需要通过线上线下两条通路、各级销售渠道才能最终到达消费者手中,消费者是最终使用者,作为厂家,我们直接面对国包、省包、经销商、零售门店、各种电商平台,达成销售目标、首销之后持续稳定的销售中盘、停产前无库存的尾盘退出,能提供给渠道的是不同产品组合、返利、礼品配件、零售人力、门店营销活动、门店建设,以及其他形式的支持。围绕渠道客户,一般业界需要建立渠道拓展标准和定价管理流程,通过认证、培育、激励和退出等机制形成利益共同体,将产品顺利提供给最终消费者并满足消费者需求。这种商业模式的变化将出现以下新的风险。

① 渠道选择风险:拓展阶段渠道选择厂家,商务审批/资源投放的合规性/真实性是主要风险;登顶阶段厂家选择渠道,低资质/虚假资质/关系渠道、分货权是主要风险。

② 商务结算风险:各种返利、价保/库保的计算错误或不真实。

③ 临时激励风险:临时激励数据不准确、虚假验收,联合

营销价格虚高。

其次，消费品要让消费者产生购买意愿，品牌和体验很重要。涉及媒介、PR（公共关系）、EVENT（事件营销）等营销品类，通过资源、策划、设计和投放等实现营销效果，营销采购需要管理好一级代理商的商务、管理好二级资源的价格，设计好的效果指标。如果不清楚一级代理的行业规则、可比较的资源池或者数据库，缺乏基线或者价格不透明，则会导致加塞中间代理、虚假和劣质交付、指定资源方和虚假验收等高风险。

再次，在消费品进入店面后，我们需要促销员的引导让消费行为变现；在消费者购买后，需要售后工程师提供良好的维保服务，实现最终的销售收入和增强客户黏性。所以，需管好零售店面的投入和建设、促销员的激励、维修的及时和真实性，这类业务的显著特征是链条长、业务杂、人员多、金额小，如果缺乏流程和IT的有效支撑，高价值礼品、零售激励等方面的风险就会增大。

最后，随着手机销量增长，耳机和手表等配套产品的应用市场一类的新业务会随之而来。小批量产品在培育阶段以冲锋为主，相应的管理跟不上，潜在的小范围腐败风险高；应用市场业务形成新的增长点，按什么模式、什么价格与合作伙伴进行合作成为新课题，在此情况下，缺乏流程规则与管控的各类新业务，倾向性选择供应商和合作伙伴的风险持续加大。

通过对业务的深入学习与分析，我们联合业务部门、内控部门一起总结出了CBG的主要内控风险，加入渠道合作模式、市场模式、零售数据跳变和营销投入投资回报率（ROI）等因素，

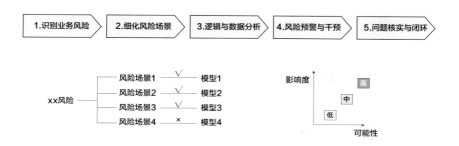

动态风险分析模型示意

变成一种动态的风险分析模型。

有了动态分析的数据和信息,结合业务规模、内控建设进度,我们的团队就可以实时关注风险趋势变化,形成审计动态风险地图,用于指导审计规划和项目开展。

走出去,了解行业规则

随着审计范围的拓展,发现新的业务领域涉及众多的外部供应商与合作伙伴,很多业务细节在流程中未曾体现,如果不能了解到真实情况,审计效果就会大打折扣。面对不熟悉的业务领域,我们总结提出了"走出去"的策略。

以媒介业务为例,媒介采购是营销投入最大的品类,公司选择代理模式,同时介入 TOP 资源方的管理,达到优质资源有效获取及商务管控的目的。在这种采购模式下,由于大部分的资源和价格都是通过代理商推荐提供,资源选择是否有倾斜、价格是否虚高,一直是困扰业务和管理团队的难题。

我们一方面大量走访供应商、资源方等利益相关方;另一方面围绕一些重大项目进行现场走访，摸清商务报价链路、商务因子组成和返点标准以及行业规则。

了解媒介业务的真实签约路径

对于代理商代理采购模式，我们设想的谈判和签约路径如下图，其中虚线为谈判路径，实线为签约路径。三方进行价格谈判后，华为与代理商签约，代理商与资源方签约。

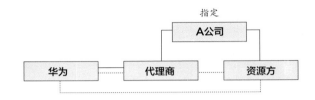

但实际情况是否如此呢？我们曾在一个电视媒介采买项目中"走出去"，发现真实情况并非如此简单。如上图所示，在该项目中，代理商并未直接与资源方进行签约，而是与资源方指定的A公司签订协议，并且通过阴阳合同的形式向华为隐瞒事实，A公司与媒体的签约价比三方谈判的价格低了数千万元。

了解媒介行业的规则

上文提到的电视媒介采买项目中，审计查出了不合理的差价，同时我们也了解到广告公司对于广告主在媒体投放而产生的返点，如果广告主没有专属的返点账户、没有基本的数据，这部分的返点和代理商的劳务费混在一起，最终成为代理商的"收入"。

通过"走出去"的审计策略，推动业务部门优化商务合作：代理需要承诺价格透传并接受可审计条款。这个条款的存在，有效降低了代理商报价不真实的风险。

了解资源推荐的真相

代理采购模式下的年度框架合同，一年甚至两三年内的供应商都是同一家，但是跟供应商对接的资源方却有很多家。在一个营销公关类项目中，审计人员收到一级供应商的反馈，声称二级代理方向其提出合作意向，通过操纵艺人合作项目欺诈华为营销费用。审计人员在其他营销项目中又发现娱乐营销经理绕过采购提前与二级代理私下沟通，指定艺人资源，确定商务及权益，并将二级代理指定给一级供应商，造成采购谈判过程中无议价空间。

确认第三方费用真实性

在公关类营销项目中，经常会涉及资源方租赁某个场地进行拍摄的场景，费用采取"实报实销"方式。但实际上，资源方为了获取更大的利润，经常会在这种第三方费用上进行虚增。审计人员采用实地考察方式，直接联系场地租赁方并进行询价，通过现场验收进一步复核，验证资源方关于场地租赁费和高值物料的价格真实性。

随着对营销业务的分析，审计围绕需求申请—资源方选择—商务谈判—执行与验收—效果评估五个关键环节进行风险洞察。经过几年的沉淀，我们逐步形成了以下的风险地图，开展持续的动态扫描风险。

需求申请	资源选择	商务谈判	执行/验收	效果评估
虚增需求	制定倾向标准	价格偏离市场	少投漏投	投放效果数据造假
需求重复导致浪费	倾向性引导	隐瞒真实价格	以次充好	未覆盖目标人群
需求变更不真实	指定资源方	透露预算	供应商虚增费用	与产品上市节奏不符

钻进去，识别新业务流程盲区

随着市场份额的提升，游戏中心、应用市场和软件预装等云服务新业务大量出现，这些通过 CP（内容提供商）运作的新业务，区别于传统意义上的销售或采购，有着全新的业务运作模式和规则。

游戏业务的大致流程与主要风险点示意如下：

对 CP 而言，拿到高评级和获得相应的首发资源是其首要追逐的目标。我们对当时合作过的 TOP100 CP 主动访谈，了解

到对某些项目的内部评级存在较大的倾向性；同时通过对业务决策环节的回溯，发现测算数据可绕过流程被修改、资质审核和测试评级的职责不分离等漏洞。

正是利用这些管控漏洞，云服务游戏运营团队 A 某，在负责对接游戏 CP 的过程中与部分 CP 私下交易，由 A 某打通团队内负责游戏资质审核、测试上架、评级认证和流量分配的多个岗位同事，帮助资质低的 CP 提高评级获得首发资源和好的排位，从中收取好处费。公司对此进行了严肃的处理，并做了及时的管理改进。

在应用市场业务中，CP 通过付费推广在应用市场平台获取流量，付费模式包括现金和资源置换。合作路径可以是 CP 与华为直谈直签，也可以通过代理的模式，由 BD（业务拓展经理）岗位负责对接外部资源，负责接收 CP 的合作需求、商务谈判、对内的决策汇报、合同签订和结算验收等，信息传递的真实性都集中在这个关键岗位上，容易产生造假和截留等问题。

L 某作为 BD，就是长期通过信息不对称虚假汇报、指示代理截留收入、购买劣质流量以次充好等不正当手段来攫取个人利益。2019 年 7 月，L 某因涉嫌收受贿赂被公安机关依法批捕。

我们还核实了另一个 BD 利用信息不对称、在资源置换过程中截留应用市场充值金的案例。

C 某与有意向在华为云服务应用市场充值做广告竞价的 CP 公司 B 联系，并引导 B 公司将本应付给华为应用市场充值的资金交付给第三方公司，对内捏造 B 公司要求通过提供营销资源来置换等值的应用市场充值，并完成充值配置；对外，由外部第三方公司购买媒介资源冒充充值公司提供的资源完成验收，完成媒介采买的体外循环过程，收取资源方返点。

这些案例反映出个人权限突破了 SOD（职责分离）原则，权力过于集中，对外拥有太大的影响力。

审计通过"钻进去"，充分认识新业务的特点和运作规则，并广泛与业界交流，发出了华为打造诚信廉洁商业环境的声明和主张，我们也结交了一批行业专家，从更加专业的角度，帮助我们理解业务、认清风险，对外逐步建立起合作的"正义联盟"，对内连续披露关键控制缺失的风险，有力推动了流程的及时优化。

项目群运作，一个问题，一类解决

任总要求审计不仅能发现问题，也要能推动问题解决。如何让问题快速被发现并快速解决，如何让问题不再重复发生，我们想了很多办法。2016 年初审计规划时，团队经过讨论分析，发现在当前业务快速上量、管理薄弱、流程不适配的现状下，确实存在很多共性问题。我们提出了审计一批不同代表处的终端业务、改进一类共性问题的策略，在区域实施项目群审计。

以拉丁美洲为例，我们选择了两个具有代表性的国家——A国和B国（A国终端是以运营商市场为主，2015年收入同比增长120%，市场份额已超20%；B国终端公开市场占比超50%，2015年收入增长率为308%）。审计项目组统筹进度同步开展，揭示区域主要共性风险，审计完成后马上与地区部集中讨论问题、快速改进，减少同类问题重复发生。

查深查透，揭示系统性问题和风险

经过审计，我们发现两个国家都存在部分关键工作无专人负责以及员工不能很好地理解公司管理要求，在多个业务领域出现了管理缺失、流程不遵从的典型问题。

① 服务业务的多项基础管理动作缺失，实物和账务管理不到位，审计复盘差异率有的高达80%；服务备件申请无依据，需求准确率低于17%，导致了严重的浪费和报废。

② 采购业务存在职责缺位，兼职员工流程遵从意识薄弱，绕过流程、价格虚高、评标差错等问题时有发生，数百万美元的促销员租赁和媒介投放等采购业务在不招标的情况下直接与供应商续约，2016年重新招标后代理费直降60%多。

③ 销售业务导向冲锋的同时忽视内控，导致私下承诺、越权商务、不签协议，既违反了公司产品商务授权的控制要求，也影响到渠道/客户满意度；营销先执行后申请、形式验收、联合营销无方案/无协议，业务的真实性和合理性都存在较大风险；零售物料投放无策略或不按策略执行，实物安全和投放效果都大打折扣。

举一反三，改进地区部共性问题

A 国和 B 国审计结束后，我们组织了地区部对于审计问题的专项研讨会，终端业务地区部主管及所有国家终端主管全部参加。

① 审计项目经理先与地区部各行业线管理者对两个国家发现的问题进行深入交流，共同设计研讨材料及案例，研讨内容涉及消费者业务所有模块，分渠道、销售、零售、营销、采购及服务，完整梳理目前消费者业务管理中的高风险场景以及管理薄弱环节。

② 研讨过程中，由审计项目经理进行引导，组织所有管理者一起对业务流程中容易出现问题的地方进行深入讨论、分析根因，在场各国终端主管对业务管理中遇到的高风险场景进行充分讨论，大家积极分享管理经验，共享管理重点和管理方法。

③ 我也有针对性地准备了赋能材料并作了宣讲，提升主管内控管理意识：一方面要警钟长鸣，坚守不贪腐、不造假、不绕过的底线；另一方面对公司的政策、制度、规则、流程，保持学习、培训与交流，引导大家真正把内控管理融入日常的业务管理，合二为一，保持例行化、常态化。

管理互动，共建内控场

2015 年开始，大中华区终端业务发展进入了"快车道"，但是内控不达标，员工贪腐时有发生，内控监管面临很大挑战。

① 2C 快速转型，中国区 FD（直控分销商，即资金物流平台）业务、体验店业务等对应流程建设还不能匹配业务发展速度，流程机制不够健全。

② 业务人员内控意识不足，内控监管时常定位成业务发展的对立面，认为监管部门是"踩刹车"，影响业务发展。

③ 专职内控管理人员配置不到位，内控管理能力仍需要进一步提升。

④ 终端业务场景复杂，渠道面宽，2B、2C 场景均有涉及，产品易变现，渠道、营销业务固有风险较高。

为了协助 CBG 大中华区做好业务内控，我们从以下几个方面入手。

对标研讨，边审计边赋能，提升业务的内控认知和能力

2016 年年初，同时开展国内四省审计项目，利用召开开工会和闭工会的机会，我与大中华区终端业务部部长对内控监管进行了深入交流与对标，明确了大中华区落实干部监管和提升内控管理的策略和方法。项目结束后，我们结合审计发现，对流程缺失和管理缺失进行了深入的分析引导，同时大中华区终端业务部长和管理团队也结合业务现状探讨分析管理得失，及时开展共性问题的流程优化和系统解决。

后来，大中华区启动渠道"同路人"变革项目，我们再次与大中华区终端业务部一起就变革内容进行集中研讨，对业务开展与风险管控的思路和具体措施展开了深入讨论，为渠道选择流程变革优化提供了积极有效的输入。

在这些工作基础上,内审部与大中华区建立起定期对标研讨机制,将近期审计问题发现和风险趋势向业务进行传递,了解到业务变革的方向及进展,明确审计重心;重要的是,业务可以有针对性地管控好风险。

防微杜渐,案例说法,鼓励放下包袱,轻装上阵

随着华为品牌和产品竞争力的提升,业务人员在合作伙伴面前的影响力也越来越大。我们建议大中华区在管控业务的同时,加大对员工行为规范的管理。大中华区正式发文,旗帜鲜明地提出反腐要求,明确规定业务人员不允许拿合作伙伴"一包烟、一盒茶",并广泛向合作伙伴宣传,让合作伙伴交往界面更加简单、更加高效。

2016 年 3 月初,一名员工因贪腐问题被抓捕,大中华区马上组织召开全员会议。我在会上再次强调了公司反对腐败的决心,并通过政策和案例的解读,警示所有人员要牢记"高压线",提醒犯过错误的人员主动申报,放下包袱才能轻装上阵;勉励所有人守住边界,大胆冲锋。这次会议在全员形成了很大的震动,陆续有多人主动申报违规事实,向公司坦承错误。

因时制宜,协助搭建内控管理体系与运作机制

同时,我们与大中华区终端部长再次进行了深入交流,结合现状,充分讨论如何落实"三管",梳理出了"围绕内外部风险做实流程、责任、环境三个体系"的内控运作机制。

```
                            促经营  防腐败
```

	流程体系建设	责任体系建设	环境体系建设
TOP 风险	• 流程设计建设：聚焦业务变革、TOP 风险管理、新业务场景开展流程建设 • 流程遵从评估（CT）：设置流程、行权、合规 KCP，开展 CT • 流程风险审视（PR）：结合 TOP 风险和业务部门需求开展 PR • 责权管理：基于"责权对等"对地区部—省—地市进行人财事授权管理 • 数字化风控：制定风险指标，进行风险监控预警	• 明确责任体系：任命流程 PO、PC，一把手当责 • 开展履责验证：通过流程 CT、PR、审计、稽查进行验证 • 违规问责：对违规问题进行回溯问责 • 奖励优秀：设立内控合规优秀达标奖，牵引鼓励达成目标 • 经济责任岗位监管：识别经济责任岗位，联合公司各监管资源进行重点人员监管	• 廉洁自律宣誓：年会、半年会、省包、KA 渠道峰会核心业务人员进行廉洁自律宣誓 • 主管诫勉谈话：邀请公司监管岗位主管对业务主管进行内控合规管理诫勉谈话 • 合作伙伴宣传：通过定期对合作伙伴宣传我司内控反腐政策，营造外部内控合规环境 • 内控合规培训：开发课件，对新员工和关键岗位开展培训，提升员工意识

```
                     组织保障（反腐内控委员会运作）
```

① 在流程体系建设中，对齐 TOP 风险，通过流程建设打点风险管理措施，同时将授权融入流程中；通过流程遵从来评估验证风险管控效果和行权质量；在 IT 系统完备及数据质量可靠的基础上，通过风险指标开发建模来实现数字化风控管理。

② 在责任体系建设中，明确内控责任矩阵，确定 TOP 风险 Owner，同时通过相关检查测试验证履责情况，通过奖励和问责两种正负向激励手段，来牵引和威慑有效履责与干部当责；对经济责任岗位进行梳理、建立轮岗机制。

③ 在环境体系建设中，主要是通过例行与有针对性的培训、宣传、自律宣誓、诫勉谈话等方式，始终保持警钟长鸣，打造一个诚信廉洁、公正透明的内控环境，让业务人员心存敬畏，守住底线，守住边界。

④ 在组织运作保障方面，明确一线内控、稽查、质量运营、

流程 PC、HR 等岗位在内控监管方面的职责定位，通过例行会议运作，跟进 TOP 风险管理与进展、跟踪闭环。

在此内控体系框架下，通过反腐内控委员会有效运作，拉通各个角色协同配合，让业务部门既可以集中精力做好业务，又可以聚焦管好 TOP 风险。

数字化风控，提升内控监管效率

随着消费者业务基本实现 IT 系统承载，2018 年年初，大中华区正式开展数字化风控，运用大数据的方式管控业务风险。

我们围绕业务效率、效果和内控风险，结合业务 IT 数据沉淀情况，进行指标化描述，设置相应预警基线，形成该业务模块整体评价，再汇总各模块指标，形成该业务领域的指标评价模型。

数字化风控指标开发完成后，通过 Workplace 平台进行承载展示，按对应岗位角色开通相应权限，可以查看权限范围内的所有指标情况，当对应指标数据触发预警后，会提醒相应管

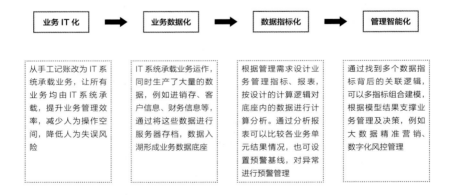

数字化风控逻辑架构

三层防线：华为审计监管体系纪实

理人员及时改进，大大提升了业务人员内控监管效率，同时针对长期改进不力的指标要求业务反馈，实现了远程非接触式监管。

经过不懈努力，CBG 大中华区的内控管理体系有序运作，业务内控监管能力和全员内控意识得到了大幅提升。2016 年两个省业务部率先实现审计打分二等 60%，提前一年达成目标，2017 年又有三省相继达标，在业务快速发展的同时，内控管理成熟度水平普遍提高。

科学精准反腐，遏制规模腐败

公司一直强调，审计是冷威慑，要在遏制员工贪腐方面充分发挥作用。消费者业务链条长，外部供应商及合作伙伴数量多，我们确定了用专业的手段精准反腐，加大对高风险业务的投入力度，"有点有面"，防范出现规模舞弊。

打开舞弊模式，精准投入

根据舞弊三角理论形成如下要素：

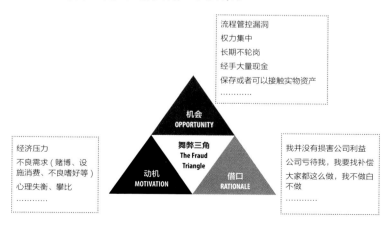

读懂终端业务看风险，贴近管理做审计

我们对消费者业务进行了匹配，经过业界案例分析，发现在消费者业务领域，除了采购受贿、资产侵占、费用虚假报销、第二职业等行为，利用职务便利在合作中寻求好处的概率大大增加，内部人员通过"三给"——给机会、给关照、给指导，形成权力寻租空间，换取外部供应商及合作方给钱、给股份、打点、私下帮忙。

常见的利益输送类型

基于这两个分析，我们制定了舞弊风险地图和审计策略，也是以"项目群规划"为基点，做一个项目就吃透一块业务，从掌握业务的风险到舞弊岗位、业务、供应商的特点，逐层深入。围绕这个目标，我们总结了一些具体的工作方法。

① 关注没有写进流程单的流程。比如短名单供应商是如何被推荐入池的？哪些要素促使对新供应商考察？

② 关注表面上没有管到的业务。比如二级供应商的管理。

③ 反向思考，寻找流程漏洞。从查实的舞弊案例中往往可以回溯和了解到更真实的行业潜规则，以及流程和管控的重大漏洞。

④ 分析风险岗位的权力，总结岗位舞弊特点。大多舞弊行为具有一定的持续性和岗位属性，所以我们会将风险岗位的权力与舞弊风险对比分析。

⑤ 促使业务主管主动思考，排查舞弊高风险点。大部分主管都有主动管理意愿，而且也能发现和提供异常信息，这也可以帮助审计工作进一步厘清反腐的重点，以及如何提高反腐的效果。

把握节奏，紧盯"关键少数"，管住"绝大多数"

在反腐工作中，查处舞弊只是第一步，如何防范更多的人以身试法，才具有更大价值，所以我们合理策划工作策略和节奏，保证调查项目既要结果、又要效果。

① 坚持司法对齐，建立普遍威慑。对于利用职权损害公司利益、屡教不改者，坚决一查到底，移交司法机关处理。对于偶发的小金额舞弊，审计联合业务及时开展BCG教育，促成员工主动申报。

② 坚持抓早抓小，快查快处，让舞弊中断于萌芽状态。尽可能识别舞弊爆发风险，找准方向，提前投入，及时查处，完善内控；对于进入稳定期和收敛期的业务，短期内出现群发舞弊的概率较小，我们则保持关注，警惕反弹。

③ 坚持内外共治，对内建设良好内控环境，对外营造诚信

廉洁的合作氛围。

在内部强化学习教育、流程优化、氛围营造。通过高管发声、现场教育、干部沟通等方式，提升全员特别是风险岗位的内控意识；组织业务主管和骨干研讨，拿出内控改进措施，对流程漏洞进行修补，并开展自检及效果评估；针对专业岗位和风险岗位，制作KCP提示手册，指导、规范员工日常行为。借助公司"心声社区"沟通平台，在《管理优化》、"诚信之窗"发布案例及引导全员讨论，将内控案例制作成小标语在办公区域电视屏上进行滚动播放，传播BCG政策和要求。

对外部加强供应商诚信廉洁合作要求，从源头遏制腐败。审计部联合业务部门共同开展对供应商的宣传教育工作，让大部分供应商更加理解和支持华为公司的反腐政策，回归商业本质。采购部发布《对经济类违规供应商、经销商的处理规定》，对违反诚信廉洁协议的供应商进行沟通与处理。

CBG CEO余承东连续发布了三封信，即《不要掉队》《CBG致供应商的一封信》《CBG致合作伙伴的一封信》，可以说是CBG反腐工作的一个里程碑式节点。这让公司全员、外部合作伙伴和供应商看到了CBG反腐的决心，极大地净化了内控环境。

公司的监控体系建设是一个系统工程，从来都不是一蹴而就的，也不可能一劳永逸，必须多管齐下、常抓不懈。内审作为公司三层防线的重要一环，要充分做好以查促建、以查促改、以查促防。CBG内审实践证明，走进业务读懂风险、贴近管理开展审计，可以最大化地发挥内审价值。

财经流程内控之所见

于立帅

2007年4月,我从学校毕业后,加入华为内审部财经审计处,作为财经专业毕业的学生,一开始挺高兴工作岗位与专业对口。然而,做的第一个保理审计项目,就让我发现自己在学校里学的知识还远远不够,业务理解起来非常困难,这让我有了很强的危机感。于是我开始利用业余时间学习财经相关文件和流程,这个习惯一直陪伴我到今天。做第二个财经审计项目时,有了一些基础和经验,在对相关业务和政策深入理解和分析的基础上,我得心应手了很多。

在学习过程中,我发现有很多财经文件由公司发文,任总也有很多关于财经的讲话。"我们的财务定位是一个保守的组织,安全是第一位的。""只有加快财经体系建设,提升财经服务能力及专业决策能力,才能更有效地支持公司业务发展。财经要把自己定位为一个全球性的服务、管理与监控部门。""在管理进步中，财务的进步是一切进步的支撑。"任总的这些讲话为财经的发展指明了方向，也增进了审计人员对财经业务的理解。

我刚到公司时，公司正在进行 IFS 变革，孟总（孟晚舟）担任变革项目群总监。这次变革华为系统地学习了顾问 IBM 的方法论，建立了华为核算与报告、资金、税务、预算预测、项目经营和内控管理等一整套端到端财经流程制度和管理体系。又经过数年财经自身的内控建设，从 2011 年开始，财经多个流程在公司率先达到了内控基本满意。

从 2007 年开始，十几年的时间，我参与了很多财经相关的审计项目，在后期也担任了财经审计领域专家。财经作为固有风险高的一类业务，尤其是财报、资金安全和税务领域，是业界公司重点关注的领域，华为审计也重点关注了这三个领域。

资金安全是红线

我刚进公司的那段时期对财经的审计以资金安全为主，包括资金流程、应收账款流程和应付账款流程，以及延伸出来的管理客户信用和销售融资流程。这几个流程也是 IFS 变革后确定的公司十大高风险流程中的五个流程，2004 年至 2007 年审计发现存在预签空白支票、违反"收支两条线"、先付款后记账、销售合同无回款账户和应收账款账龄不准确等问题。

2008 年 6 月，我们出差非洲南部 G 国执行审计项目，负责财经相关流程。这是我第一次出差海外，出发前同事们都跟我说，G 国条件很艰苦。飞行加转机花了一天一夜，我们才到达 G 国。在飞机上，我在想，作为到公司才一年的新员工，出这趟差的成本可不低，我能带来什么价值？

在出差前，项目组做了充分的准备，提前申请了相关 IT 系统权限，获取了相关数据并进行了分析，前期的分析发现，应收账款流程的风险较高，制订了出差后重点关注应收账款流程的计划。

现场测试应收账款流程时，发现有×××万美元的发票在系统中的开票时间晚于回款时间，这与海外先开票再回款的交易习惯不同。我的导师经常跟我说做审计项目一定要"大胆怀疑、小心求证"，就这个疑点，我第一时间跟项目经理讨论，我认为可能存在系统外私自开票的问题，这样客户还是收到发票后才付款的，项目经理也觉得这种可能性很大。但公司系统中并没有这些私自开出的发票的记录。如何才能找到这些私自开出的发票以证实问题的存在呢？

如果代表处有归档纸面发票的话，或许可以找到，于是我咨询代表处 CFO 是否有归档所有的销售发票，他给了我肯定的回答。就这样，我获取了那段时间的销售发票，找到了三张发票签署人是代表处回款经理，金额正好是×××万美元，与系统中的金额一致。拿到这个证据后，再跟回款经理沟通确认就很容易了，他很快承认了问题。这个问题的发生与当时公司的内控建设还不成熟、员工的内控意识不强有很大的关系，员工本人并没有认识到这是个严重的违规问题。

这个案例发生在 2007 年，公司在 2008 年发布了资金安全四文件，明确规定了资金安全方面的控制要求，包括采购付款、销售收款方面的资金安全制度和相关问责制度以及人员管理制度，其中《销售收款业务资金安全管理制度》对发票的开具、传递以及和客户的对账等进行了严格的控制，资金安全风险得到很大的管控。

随着流程的不断完善和员工遵从意识的提升，2011年资金和应付账款流程率先达到基本满意。2013年和2014年内审对驻外机构进行现金、票据及银行账户管理审计，发现少数国家代表处出现一般违规行为，绝大部分国家代表处未见异常。

即使内控达到基本满意，公司对资金安全也一样重视。任总在2015年的讲话中提出："我们公司要考虑未来五年的资金安全问题，首先要把支付安全问题解决了。解决支付安全问题，第一点，要全力以赴解决日清日结的问题，哪些地方日清日结解决不了，就要派一些高级干部和增加一些资源去解决。这样我们每一天都能算清账，每天心里都有底，别把问题积压到后面去解决。第二点，建立统一的司库制度。""在管好资金安全的基础上，要依托技术的进步，利用IT系统及电子化等手段不断提升支付质量和效率。"公司建立了完整的资金管理、回款管理、支付管理相关政策和流程，依靠中央集权、职责分离、日清日结、统一的司库制度等管理，确保了公司现在每年的资金流动达到万亿美元级别时，在资金安全上没有出现重大问题。

对准财报真实，促进财报内控提升

任总很早就提出："财务人员要诚信，公正、独立地处理自己的业务，不带有任何个人偏见。所有财务账簿、记录、账户必须真实、准确反映业务的运作，并且与规定的会计原则、内部控制一致。不得做假账、虚账。有组织、有目的地编造假账，财务人员轻则受到开除的处分，重则要承担法律责任。不管您受到什么人的指令。"做假账在华为公司是高压线，在华为公司没有人能要求，也没有人敢要求财务人员做假账。我进公司后，我们在财报方面的审计，发现过因流程不完善或IT系统问题导致的财报不准确，也发现过前端业务人员造假或违规导致的数据不真实，但并未发现财务人员造假导致财报不真实。

财报几乎体现了公司全部业务和数据运行的结果，前端业务的任何不遵从或造假、任何流程控制或IT系统的漏洞都会影响财报结果。2013年公司开始系统性建设财报内控体系。孟总2014年在文章中提出："财务并不能创造数据，所有财务数据的形成完全基于业务数据或业务判断的流入。因此，业务数据的客观、完整、准确，直接决定了财务报告的质量。要保证财务质量，就得从业务数据的质量管理做起，这就是财报内控。""财经组织建立有效的内部控制体系；例行开展内控有效性的评估；正确理解业务场景，并且使用适当的会计政策，对业务数据进行处理；基于业务的无缺陷、无遗漏事项的陈述，对外提供财务报告及内控报告。业务组织提供准确的业务数据及关键信息；按内控要求例行开展有效的内控活动，并做出内控承诺。"

2014年年初，任总在与审计部、预算管理部座谈时要求"反对'单边指标冲刺''瞒产不报''主动放弃冲锋'的行为，树立正确的价值导向"。2014年3月,部门让我做项目经理,对2013年度全球各地区部收入真实性进行专项审计。首先我们对任总要求进行了解题,审计范围放在了收入跨年虚增和跨年延迟确认上。项目开始时,我们通过分析各地区部、代表处各月收入占比、波动情况和2013年度收入、利润指标完成情况,识别出了部分重点地区部和代表处,然后通过对合同维度的进一步数据分析抽取合同样本。当时抽取出的合同样本很多,而部门大部分同事都在已规划的审计项目中,我们投入这个审计项目里的人员有限,怎么能快速完成全球收入审计项目呢?

这时我想到了一个"同盟军"——账务管理部,账务部也是中央集权组织,它们也会对财报数据进行监控。我跟内审部的主管和账务部的主管说明情况后,他们都非常赞成这次合作。账务收入业务中心专门指定了一位同事负责接口,并发动了各共享中心的相关人员对审计的抽样合同进行验证核实。在审计和账务团队的共同努力下,这次审计揭示了多个代表处的虚增收入问题,如某代表处通过PS伪造收入支撑文档虚增收入,某代表处通过对在库物料违规在公司系统操作虚拟出库,并提前获取验收文档虚增收入。

2014年7月29日审计报告发布。8月4日审计建议对虚假确认收入的11个代表处相关责任人进行问责;8月19日财经委员会发布《对虚假确认销售收入行为处理的决议》,明确"通过伪造交付文档、提供与业务实质不相符的交付进度信息或交付文档、隐瞒业务真实信息等方式,提前或推迟确认销售收入,均是严重违反《华为员工商业行为准则》的业绩造假行为"。

9月11日我起草的《反对业绩造假、践行诚信文化》在《管理优化》发表，引发热烈评论。通过对公司要求和相关案例不断宣传和教育，各级主管和员工的责任意识有了很大的提升。公司也进一步明确了各级 CEO、CFO、流程 Owner 作为财报内控的责任人。

作为重要的财报科目和经营、考核指标，销售收入是内审部历年审计关注的重点。通过连续几年的审计和业务改进，尤其是财报内控的建设和完善，从 2015 年开始，审计发现的虚假收入金额和占比已经在比较低的水平上了，虽然中间也发生过某代表处逆变器收入造假和某代表处虚假确认收入，但已基本是个案。公司的业务越来越多元，审计在新的业务上发现收入问题后，一方面，账务会及时进行调账处理；另一方面，在财报内控机制的作用下，业务都能快速从流程控制上得以改进。

依法纳税是公司对税务管理的最基本要求

公司税务管理政策明确"依法纳税，维护良好的企业形象和声誉，保障全球业务的安全运营"。依法纳税是公司对税务管理的最基本要求，虽然公司有这样的要求，但纳税数据来源于前端业务处理，受前端业务流程、IT、数据的影响很大，华为在海外拓展业务的过程中，因各个国家的税法要求不同，税法复杂程度不一，对各个国家的税法要求有一个熟悉的过程，税法要求逐步打点到公司的业务流程、IT 和数据中。

2009 年我被外派至欧洲内审部。欧洲国家对企业纳税遵从要求高，税务是当时我们在欧洲审计关注的一个重点。前两个审计项目中，我都被安排负责对税务的审计。当时部门在税务方面的审计经验较少，在第一个项目里，我从代表处律师和税务经理等多个途径了解当地税法要求，其中在增值税方面重点了解了进项税抵扣政策，同时我跟账务获取当地子公司进项税记账规则，将外部法规要求与公司内部记账规则进行对比，发现存在差异。这种差异，如果在纳税申报时不进行调整，那么纳税就会存在不准确的情况。于是我找到前期跟税务经理获取的纳税申报数据，并与税务经理核对，发现税务经理并未进行调整，导致不该抵扣的增值税进行了抵扣，数额大约××万欧元。与代表处沟通后，代表处及时补税，同时也修正了记账规则。

在第二个审计项目中，我看到当地子公司每个月缴纳的增值税波动很大，在访谈当地的税务经理时，了解到代表处计算销项税的方法做过几次切换，并获取了计算销项税的税基数据：2007年12月，代表处计算销项税的税基为已开票应收账款＋未开票应收账款；2008年1月至4月改为已开票应收账款，5月又改为已开票应收账款＋未开票应收账款。

当时基于审计人员对风险的敏感性，觉得里面可能会有问题，但会是什么问题呢？当时获取到这个信息时已快下班，我带着这个问题想了一个晚上，终于想到可能是因为税基调整导致了一部分税基重复。在改变税基时未充分考虑到数据前后衔接的准确性，2007年12月的未开票应收账款在2008年逐步转为已开票应收账款，这样那部分税基就重复了，导致重复缴税。

解答了这个疑惑后，我把审计期间的销项增值税重新做了计算，发现还存在其他的问题和错误，最终确认多缴纳增值税××万欧元。因为问题重大，审计部对代表处发布了警示函，同时因为问题的及时发现，代表处可以举证在未来进行抵扣，及时挽回损失。

税务是一个专业性很强的领域，发生这样的问题，有当时人员不够专业、税务规则未建立和IT支撑不够等方面的原因。从2013年开始的账税合规项目到2015年集成税务遵从项目，公司在税务管理上进行了持续的优化和内控改进。2014年公司要求"账税合规通过规则、流程、数据和IT的持续建设，建立法人维度的本地纳税遵从长效机制。税务规则有效嵌入业务流程和账务流程；税务数据正确、可验证、可追溯；纳税申报数据准确，记录完整"。2017年公司要求"集成纳税遵从项目着力做好当国、子公司的纳税遵从，营造良好的生意环境，在法律和社会责任方面要做到全遵从，这是底线要求"。2016年财经流程整体内控达到基本满意，税务流程内控也于2017年达到基本满意。

作为一名审计人员，在这些年的审计过程中，我深刻感受并见证了财经内控的建设和发展。财经流程的固有风险高，基于任总对财经工作的高度重视和公司对财经组织的定位，以及所承担的风险与内控管理、监督职责要求，财经非常重视自身的内控建设，积累了很多先进的实践经验，让财经的发展有了更坚实的基础，更好地发挥了服务、管理与监控的职能。

以查促建，研发内控持续提升

赵　明

华为长期保持强研发投资，2021 年研发费用投入 1427 亿元，约占公司收入的 22.4%，自有研发人员 8 万多名，研发体量巨大。

早在 2000 年，作为研发人员应聘华为时，我记得面试主管问代码生产率多少（即平均一天写多少行代码）。"几百行吧。"主管自信地说华为只有"十几到几十行"。我很奇怪这是能力强的表现吗？

主管揭秘道："这个生产率关注的是项目端到端投入产出，不是仅编码阶段。我们采用的是 IPD 集成产品开发流程，通过规范的过程管理实现产品高质量交付，规划设计好了才动手写代码完成开发，测试验证满足客户需求才规模量产，追求一次把事情做正确，达到电信级高可靠性 99.999%。"

用流程的确定性应对技术创新和产品研发过程的不确定

性,而且当时 GSM 市场欧美群雄割据,华为期望在 3G 产品研发上实现超越领先。这些都深深吸引了我加入公司,从事核心网产品研发。

首次接触审计,还是作为管理者的一门课讲到三层防线和内控管理:坚持走向流程责任制,一层防线的业务主管承担起内控责任,在业务运作中控制风险,而作为第三层防线的审计对风险和管控结果进行独立评估和冷威慑。研发有看护流程遵从和质量的 PQA(产品质量保证工程师),也有变着花样构造测试用例"找问题"的测试人员,审计在研发体系是查什么的?我便产生了兴趣,机缘巧合,我在 2012 年加入了审计团队。

在审计团队,我有幸结识来自各个体系专长的人,也在机关和外派过程中熟悉了各个 BG 的业务和流程,走了几十个国家,能够掌握和灵活应用审计专业方法。

跳出研发看研发,我才发现原来有着复杂架构和依赖关系的产品族,只是群星闪耀中的一颗颗小星星。研发业务场景复杂,形态多样多变,多业务单元,多地域分布,复杂的矩阵管理,人多花钱多,这些都是高风险点。

审计部和公司高层、业务主管每年例行对标研发中高风险业务和流程,利用有限的审计资源实现对关键风险的专项查证和覆盖性评估,响应高层关切,审计以查促建,不断促进研发对内控的重视和改进,推动提升内控成熟度。

针对研发持续关注与资金资产强相关的风险业务,这包括新物料选型认证、研发外包、技术合作、产品和解决方案合作、生态合作以及研发物料与资产等，都是反腐防腐的重点。

同时，审计团队也关注研发投资决策行权流程和执行的规范性、各类费用支出、研发体系直管的非研发业务，以及与区域或其他业务的流程协同等。审计从流程、业务单元、地域等多维度展开，在复杂业务场景下，紧跟变化，聚焦关键风险，持续释放审计价值……

新物料选型，防范技术变现

2013 年年底，我参与的审计项目进入收官阶段，遇到一个棘手问题：关于电缆开发过程中不公平选择供应商。分别与研发、采购预沟通问题根因时双方意见相左，审计主管建议召集大家坐在一起谈。

开会的阵容超出预期，采购和研发系统各叫了一些相关执行人员参加，会议室都坐不下，协商相关主管和专家留下，闭门会议开始。

审计人员介绍了其中一个主要发现：电缆开发过程中，研发电缆工程师同时负责多项任务，包括设计图纸，选择图纸发放的供应商，接收供应商样品并完成测试，判断供应商样品是否合格，合格的供应商才能参与量产招标。这个过程存在职责不分离且关键文档不完整，入选和淘汰的供应商缺乏有效支撑，影响量产招标公平公正。

研发与审计人员之间的以下交锋可以反映出问题的复杂性。

研发人员:"线缆开发过程,是要我们设计并在供应商制造后进行验证,规格质量满足量产需求,确保交付客户不能出问题,问题在开发阶段解决,这些工作都是必须做的。"

审计人员:"图纸发放给哪些供应商,判断供应商是否合格,手工记录信息不完整,供应商选择结果缺乏客观依据,没有实现职责分离和审批。访谈供应商问题原因存在出入,供应商有怨言,甚至觉得关系比质量还重要,尤其是一种新型导体独家供应,替代供应商长期验证不过,采购收集样本加封处理,研发盲测,最终结果是替代供应品甚至更优。电缆年度采购规模上亿美元,还是存在较大内控风险的。"

研发人员:"采购和研发有约定,采购负责按资源池发放图纸和收集样品,研发负责设计和验证。采购未承担相应职责,研发为了项目交付的进度和质量,只好多做,不能变成多做多错、不做无错。"

采购人员:"不是采购没参加,是没有通知采购介入,研发绕过了采购直接联系供应商,通知采购介入是研发的责任。"

研发人员:"电缆编码申请和生成过程,采购是有介入的,采购当然知道实际情况,自己的职责要承担起来,不能让研发反复求着你做,而且送样选择流程的责任主体在采购,采购也要负责看护起来。"

…………

参会人员激烈地讨论到深夜,谁也说服不了谁。这样下去很难有结果。审计换个角度提问:"这些问题毕竟已经发生了,审计的目的是改进,我们这块业务下一步如何改进,大家有什么想法?"

采购人员:"线缆业务不适合其他器件选型那样Sourcing(选型评估)小组运作,但也不能失控,不一定每个编码都强管理,但可以批量审视。送样过程要集成到IT系统中,按资源池自动发放,确保供应商同时收到,过程有记录,避免人为倾向性选择。"

研发人员:"要保证供应商参与研发阶段送样的积极性,比如送样合格的才有机会参与量产招标;供应商也应提供自测报告,证明自己满足设计要求,研发进行复核验证,这样就增强了测试的充分性和完备性。"

最终研发与采购部门面向未来达成了共识、明确了责任分工协同和改进方向。

通过审视流程控制、查漏补缺和落地执行情况客观揭示风险,在端到端协同和改进上发挥审计价值,联合行动营造"不能贪、不敢贪、不想贪"的氛围。

后来与研发总裁对标 TOP 风险时,提到这些问题,总裁认为:"流程 Owner 从源头承担相应责任,执行部门执行不能越权,要关注整体改进情况,要求部门主管汇报详细计划和进展。"

在硬件类产品研发的过程中,研发通常主导需求和设计,设备/部件/器件等借助外购和代工,最终实现产品系统级领先。研发主要负责需求管理、设计开发和测试验证等，参与供应商认证选择，新物料/器件选型认证等研发活动。采用质量优先和价值采购导向，集体决策、职责分离控制风险。

流程的不完善、不遵从，内控成熟度低，权力不受约束容易滋生腐败。审计后来调查查实早期线缆平台开发部门主管、TMG（技术管理小组）主任、线缆开发工程师，以及线缆采购专家团主任、线缆CEG（采购专家团）等研发和采购相关的数名专家主管和员工舞弊，给出倾向性评估或给供应商指导性建议，利用电缆的设计、规格制定、测试验证等职权，帮助供应商进入资源池、通过技术质量验证，帮助供应商获得新物料参与机会或更多订单，以从十多家供应商收受好处费等方式不当获利。

在2017年，针对线缆组件采购进行审计时，审计发现需求管理基本有效，但物料选型存在编码认证结果与生效不一致的情况，还存在指定二级供应商的风险。

需求驱动的集成产品开发，研发技术主导性强，采购选型过程容易偏袒造假，产生违规和舞弊，审计对高风险业务单元要查深查透。2022年我们再次对线缆业务进行了审计，进一步推动业务改善内控环境，促进采购流程实质遵从，在业务高速发展的过程中保证产品技术和质量领先来支撑业务目标实现。

实物安全，关注风险变化

华为公告栏连续发布的几起内部反腐快报均是涉嫌盗窃罪被刑事拘留的案例。通报写道："近期研究所盗窃案发，持续作案多年,贵重器件被盗,涉案金额巨大,先后多人因盗窃罪被司法制裁,多名员工主动申报。另,经过深挖、研判大数据,警方已经掌握多条新的盗窃线索和作案规律,警方的收网行动持续进行中。"

相关通报引起众多讨论,有员工评论:"触目惊心,管理出问题了,光处理几个涉事员工没有用。"管理究竟出了什么问题?

研发物料与资产,通常是指在研发内部使用的机柜、单板、模块和线缆等物件,这些物料种类繁多、组合使用,分散在机房、库房、操作间和办公区等,属于消耗品。

实物安全及其承载的信息安全,是内部风险管理的难点,实物被盗用和挪用风险也是审计查证和评估的重点。

实物管理采用"谁使用、谁挂账"的原则,使用人少则挂账和管理个人办公电脑,多则挂账和管理数据中心、实验室和部门的大量物料资产,号称管金库钥匙的"亿万富翁",这些数据中心、实验室和库房的管理员,以及相关安保、施工人员、搬家人员,成为舞弊高发人群。2014年至2015年,公司查处了十多名实验室管理员的舞弊行为,涉事人员采用截留、替换和夹带等手段盗窃实验室物料,主要为耗材,如线缆、小结构件和光模块等。2016年公司对研发物料及资产管理进行全面审计,推动业务流程体系的改进和完善,促进流程和IT建设逐步完善,尤其是在集中收退和系统对接改善建账完备性上,加强完善业务线和研究所的物料管理体系。

2019年,审计部门结合风险和覆盖情况,优先加大区域研究所高价值易变现物料的审计覆盖,如A研究所研发物料的审计聚焦光模块和器件类，B研究所研发物料审计聚焦IT三大件。审计发现区域研究所长期存在内部要货场景建账率低，高值易变现物料基于数量管理无法追溯、盘点失效等问题。

随着IT类业务高速发展，基于服务器开发软件和云服务趋势，IT类业务物料资产规模进一步扩大，实物相同/相似的三大件以物料、资产、样品和配件等多重身份存在，且管理记录数量不记录条码，混存混用，账实无法匹配，配置频繁调整不调账，账实大量不一致，盘点流于形式。IT三大件和光模块成为被盗卖变现的主要对象。

审计部门关注业务变化，及时识别业务变化带来的风险，以及控制的有效性。华为产业多样且处于不同生命周期，物料类型多样，尤其高价值易变现易携带的物料，有针对性地系统性识别和管控风险成为必要。

研发物料和资产安全的审计项目关注流程控制的完备、遵从和有效。在审计方法上，审计项目组曾尝试根据收货的SN（序列码）追溯实物去向。收货人、挂账人难以说明部分实物去向，审计项目组只能大范围尝试在线命令查找，甚至拆箱寻找，耗时耗力。之后项目组利用IT技术在线盘点高价值配件，提升了账实管控的效果和评估客观的准确性，精准威慑，也在和业务部门合作的过程中，提升了IT工具的成熟度。

实物安全问题表面上看是个别基层员工偷盗，挂账员工不尽责，深层次的原因还是管理层重视不够，责任体系不完善，责任落实不到位，如业务管理团队在任命、遵从性审视和定期汇报等职责上未按要求履行，流程Owner在流程监控、度量和评估等环节未按要求例行开展。就拿IT三大件来看，实物相同但以多重身份存在，且管理不记录条码，混存混用，账实无法匹配，难以有效盘点，相关的研发物料和固定资产流程存在覆盖不全、管理踏空的问题，甚至特有业务场景，如市场分析件和免费样品，缺乏流程Owner和相关管理规定。

审计持续关注责任体系和机制性问题。业务变化带来的风险变化，识别高风险实物，除了实物有管理可追溯，进一步建立偷不走、偷走可被发现的实物在整个使用周期内的控制机制，包括物理空间安全的综合治理机制，从根本上推动实现账实一致和实物安全，均是制度建设的重要内容。相关问题引起公司高度关注，业务管理、流程和监管体系等部门协同作战，通过对研发物料和资产的有效管理，实现在支撑业务的同时，兼顾了效率、安全和成本，确保实物安全。

外包合作，回归业务本质

研发外包是研发领域重要的业务组成部分之一，2021年采购规模达几十亿美元。要实现持续打造可信高质量产品的目标，管好研发外包是不可缺少的一部分。

研发外包项目是华为研发活动的延伸，涉及研发流程、采购流程和非雇员管理流程等，按照运作模式，主要包括人员外包Outsourcing Developer（OD，业务需要华为强管理，按成本和服务费支付）、团队外包Timed Material（TM，需求不稳定，按有效服务工时验收支付）和业务外包Fixed Price（FP，业务范围明确，按合同要求验收支付）。外包业务中存在多种合作风险，如吃空饷、人员私自挪用、考勤造假、偏袒选择供应商、虚增工作量和关联分包等。相关的风险控制能力也需要在供应商侧构建。

研发外包业务是审计例行评估的风险范围，在一次审计中，审计项目组从某供应商公开财报看到，成本中一定比例是采购的外包成本，而双方协议约定未经甲方事先书面同意不得转包分包，其在华为业务中是否存在违规分包行为，审计项目组需要向供应商了解其业务流程和内控机制。为华为交付的人员考勤中除了正式员工，也包括外协人员，在确认新冠疫情期间考勤如何管理时，究竟哪些业务涉及外协人员，供应商接口人竟一时无法回答。基于双方合同条款，审计项目组要求供应商梳理相关信息，分享其用工策略，进一步确认其采购、人员入离职和参与交付项目等信息。在澄清相关业务交付的过程中，审计项目组发现问题比初始澄清的情况更为严重。随后，审计项目组与供应商主管再次沟通，"希望配合审计，充分识别历史问题，以牵引华为自身改进流程和规范运作"。供应商主管请示其高层，得到指示"不回避问题，全面配合华为审计，在研发风险管理中借鉴学习华为的优秀实践，在保障成功交付的同时也要有效识别管控合规、信息安全、EHS（环境、职业健康与安全）、腐败等风险"。

和供应商协同核实过程中，审计项目组发现在违规分包过程中还存在一些用工异常，如第三方员工在交付华为业务的同期供职于其他供应商；第三方员工离职后仍每月发放工资，一名员工进入项目三年未办理入职手续,劳动关系不详;等等。

审计项目组还发现一个软件开发 FP 项目分包给没有研发资质的公司,供应商申报该项目是按照甲方项目经理的要求,转包给一个指定的供应商,没有交付实际内容。进一步分析 FP 项目需求规模估计和验收真实性,审计项目组发现多个项目中测试需求的估计规模平均是交付规模的三倍,项目需求规模估计依据人力进行倒推,交付件不独立,需求不稳定,不满足 FP 项目的基本要求,FP 项目实际按 TM 运作,业务变形,存在舞弊风险,而且外包员工拿到的收入比例小,也可能影响员工的积极性和最终交付的质量。这些问题引起业务、采购主管和供应商的高度重视,多次主动交流和通报改进进展。

2018 年,在公司一次 EMT 办公会议上,公司高层听取内审关于《外包业务审计》的汇报,形成 EMT 办公会议结论:外包需明确业务需求、回归业务本质,保证业务真实性和对供应商引入的有效管理;软件开发外包在需求和采购中存在管理漏洞,舞弊多发;采购部门牵头梳理软件开发外包,进行管理改进。

在软件工程能力变革过程中,要求审视研发外包策略,开启 OD 模式,基于业务实质和外包业务风险,使研发外包回归业务本质,各业务部门要实事求是地开展外包业务,提升研发外包的效率和质量,支撑软件可信交付。

随着变革和流程推进,FP 项目大幅减少,TM 项目和 OD 人员增加,审计跟随业务和风险变化持续评估,及时揭示问题并推动改进,避免系统性风险。

除了产品开发,公司在基础研究上加强技术储备,持续为产品开发输送"炮弹",投入巨大,不同于产品研发阶段的研发外包和产品合作等,在基础研究阶段主要采用技术合作,包括与高校科研机构合作和与企业合作,在流程管控和输出要求上相对更宽松。如任总在讲话中提出:"我们的合作是开放的,我们给科学家投资,不谋求其论文、专利的成果,只要一个知情权,知道问题怎么解决,或者知道失败的教训。"

基础研究部门在技术合作流程上进行了变革,把企业类合作和高校类流程分开,探索出一套适配高校技术合作业务特点的管理流程,从"交付型合作"扩展为"面向未来的前瞻型合作",还原业务本质,采购不参与决策;发挥专家作用,合作方和合作内容由专家决策。

在"宽松"的情况下会存在哪些风险,如何审计?策略上要针对不同业务类型保持覆盖,不留盲区,关注需求不真实、未按授权分层要求汇报决策、倾向性或变相指定合作方、费用数据不真实、项目变更和验收不真实和隐瞒关联关系等风险,持续反造假和反腐败。在例行评估下,结合不确定性高的业务实质,关注流程适用并实质遵从,风险问题偶有发生,业务流程持续改进中。

费用支出,符合授权和导向

连续几年公司发奖金的时候,在"心声社区"论坛上,多次出现有关奖金回收的疑问和抱怨。

"年终奖这样发放是什么意思?领导沟通年终奖,其中××万元是作为部门经费,发完了再上缴给部门。"

"发奖金了,主管要求上缴,奖金是谁的?"

"又到了每年上缴奖金的时候,今年你被部门拿走了多少?"

"求求别再给我发激励了,都被上面收走了,激励个啥啊?"

这些声音引起了广泛共鸣和跟帖:"年终奖每年都被收回去两三万元,发下来还要被收回去呢。"

…………

员工的讨论引起了我们的关注。奖金激励到个人是为了激活各级员工,牵引员工不断提高工作绩效,有效激励目标达成,有效支撑业务运作。公司规定不允许以任何理由回收员工的奖金。各层组织的多元化激励经费不是主管的"小金库",主管不能用来报销个人迎来送往、请客吃饭等花费。违规回收行为应被揭示和推动管理改进,只是这些行为比较隐蔽,怎么查?

事情的转机来自2019年一名员工实名投诉。经调查发现,2015年至2018年,其前主管在年终奖沟通时,以年终奖包含团队经费为由,要求员工上缴奖金××万元,但该款项未用于团队活动,全部被前主管挪用。

该主管任职过的多个部门也存在类似现象:预留少量奖金,增配给部分员工;在奖金下发后回收,用于部门活动经费。有的部门实行多年,有的主管调动后还在新部门继续实行。多名基层主管在上级部门回收数额之外，继续加码回收员工的年终奖作为自己小团队的经费。他们通过选择部分骨干员工，每人每次回收一万元至八万元不等（税前）；回收形成的"小金库"，大部分用于团队激励和活动，少量挪用给低绩效的员工发奖金，也存在个别侵占舞弊行为。2019年，经查实，共有五个部门回收员工年终奖，挪用成部门经费，并出现个别侵占行为；从2014年开始累计安排数百人次回收数百万元奖金。

公司对违规责任人、违规责任人的直接主管和间接主管和流程Owner进行了问责。问责公示后，某产品线仍有主管没有收手，有员工质疑和举报，调查查实多名主管多年违规回收奖金并存在侵占和挪用行为。

2020年在审计项目启动前，项目组与公司薪酬科、纪律与监察委员会等部门确定主动申报导向，输出沟通材料和方法，通过子公司董事资源局研发董事协调，业务主管和HRBP双线沟通，鼓励主管/HR等主动申报，也鼓励员工举报。针对两个被审计的研发管理部，审计项目组适时建立奖金回收沟通群，每日通报进展和遇到的情况，自查自纠，主动改进；并与两个部门进行全员（含调离主管）沟通，其中几十名主管主动申报有违规回收年终奖的行为。

在审计过程中，个别主管存在侥幸心理，与相关员工打好招呼，修改经费台账，不申报。审计掌握相关证据后与其沟通，该主管仍不承认存在违规行为。异常情况下借助HR主管，对该主管进行政策引导：解铃还须系铃人，让员工配合造假属于为将来"埋雷"，风险更高，建议直面问题。沟通后，该主管主动承认违规，并书面反馈情况。

研发管理部针对暴露出的问题，制定改进措施，亡羊补牢，优化管理团队运作机制，完善奖金分配细则，打断奖金回收链条；公开透明经费账务，打掉资金藏匿之所；建设导向清晰、纪律严明和惩处严肃的文化场，打消潜在的违规念头；加强干部队伍学习、要求和引导，打造德才兼备的干部队伍；加强员工沟通宣讲，提升员工意识，对不符合流程的事件能够识别，并敢于主动举报。

产品研发，是投资进行价值创造和管理的过程，研发审计则聚焦研发人、财、事的规范行权和业务真实、反腐防腐等方面，持续洞察风险，评估查证，结合对业务的深刻理解和审计的专业能力，用流程的确定性应对风险的不确定性，持续发挥系统性威慑并释放价值，成为公司信任文化的守护者，以查促建，助力研发内控持续提升。

面向未来，审计部门对接产品数字化成果，依托研发经验和智能技术，建设智能的审计数字化平台，基于海量数据探索开展全量审计，更全面地覆盖研发业务中财报、运营、IT、网络安全和舞弊等风险，连续评估与报告，更精准地命中风险又能更少地干扰业务，支撑管理层持续监控，保证控制持续有效，并提供相关及可靠的决策信息。

阳光之下无死角

孙化石

转到审计岗位前,我在业务一线岗位工作了十年。在海外"洗盐碱地",这让我有机会经历一些业务从无到有、逐渐壮大的成长与发展,也体验过整个团队"向着一个城墙口冲锋",理解什么是真正的结果导向。"胜则举杯相庆、败则拼死相救"的热血激情是那段工作生活的底色。

到审计工作后,岗位职责需要我更冷静、审慎地看待业务。从 What(是什么)到 Why(为什么)的视角转变,让我有机会更立体地审视和理解业务。这一期间,我一直从事泛采购相关业务领域审计工作,特别是自 2016 年起开始承担采购领域的审计工作。公司采购规模随着业务发展逐年大幅增长,如何守护好公司利益、行使好独立监督职责,需要我不断地思索与实践。

敬畏规则与对结果负责

采购对任何一家企业来说都是核心业务之一。一方面，企业成本、费用的大头都是采购"花"出去的，对企业财务三张表的影响大。采购商务的真实、合理与否极大地决定了企业经营结果，优质的采购标的也直接影响企业战略目标落地。另一方面，采购处在公司与外部利益交换界面上，大多数情况下，是决定交易的甲方，舞弊风险高。

因此，华为一直都将采购内控与业务目标放在同等重要的位置。从早期的价格采购升级到当前的价值采购，从供应商引入、选择到供应商管理，采购一直都有一套较为成熟的控制体系，从基本原则、采购"红线"到授权规范支撑着公司业务高速发展，也基本有效地管控住了重大内控风险。作为独立监督的第三方，内审部也发挥着独特的价值。

在多年的采购领域审计中，我印象比较深刻的是一个采购专家团的审计项目。2014年，我们在检查供应商选择项目时发现，一些项目在招标策略中明确了包含多个要素在内的综合评标标准，但招标执行时却仅按商务结果打分评估、定标，这个操作改变了原有份额和排名，这其中不乏大金额的框架招标项目，更为关键的是，这些策略与执行明显不一致的项目最终通过了结果汇报，并下单执行。

审计组将整理的事实分别与招标小组和专家团主任沟通，获得的反馈出乎意料地一致：大家都认为这种操作从实际效果上维护了公司的商业利益，没有造成什么损失，更谈不上风险。

招标组组长对审计说:"获取最优价格是采购的天职,希望审计能尊重采购的业务实质。"专家团主任承认"这种操作存在瑕疵,但整个团队还是在对结果负责的",并向审计展示了采购降成本的考核要求。

审计向采购团队表示:"既定的业务规则代表了采购组织面对短期利益与长期利益的价值选择,即两者要兼顾。项目中随意改变游戏规则,选择商务最优的供应商,表面上获取了最佳商务利益,但却放弃了对公司更为重要的质量、技术和供应能力,更长远看,给了低质供应商低价恶意搅局的机会,损害优质供应商利益,影响长期合作。同时对破坏关键规则、随意操控采购结果的行为,如果没有有效监督,会给私下的利益交换提供空间。"

接下来的审计,审计组遇到了更匪夷所思的情况。该专家团队给供应商发放的中标函信息普遍与实际招标结果不一致:有些项目给中标70%份额的一标供应商发放10%份额的中标函,有些项目给三标供应商发放100%份额中标函,还有些项目甚至给全部三家中标供应商都发放100%中标函。顺着业务流往下检查,审计发现给供应商的实际下单却是严格按照真实中标结果执行的。

中标函与真实中标结果普遍不一致,其中的风险稍加分析不难理解,但背后的原因着实让人困惑。

带着巨大的困惑与采购同事沟通,审计了解到以下一些情况:有些主流供应商能力虽强,但中标后谈判时"不太配合"降价;有些新供应商未来前景好,也很"配合"华为需求;采购人员通过操作中标函,可以对供应商进行一定程度的敲打和激励,这是一种"方便有效"的供应商管理手段。

对此,专家团主任表示知情,认为这既严格执行了中标结果,又有效"牵引"了供应商。当得知我要将此作为重点问题写进审计报告时,他非常不理解。

在审计闭工会上,我们提了3个问题:中标信息扭曲会不会造成供应商产能准备过度或不足,是否会被供应商索赔;供应商可能最终知晓这些操作,对供应商关系维护是否长期有利;利用信息不对称操纵关键信息是否会给私下利益交换提供便利。他们对这3个问题保持了沉默。

这3个审计发现最终被写进审计报告,并得到采购总裁的书面批示:阳光采购,透明采购,不留死角。

遵守规则与达成业务目标之间的冲突,是审计最常碰到的情况。规则与结果应该是统一的,好的规则在控制风险的同时也能保障业务结果的达成。在以评估为目标的打分审计中,审计人员需要从整体上理解业务和其价值定位,把握业务规则与目标的关系,才能分析管控是否得当,执行是否有效。

采购领域有不少业务规则是在三层防线共同监督过程中通过总结许多教训逐步补充、完善的,对规则的漠视、随意突破,都可能挑战人性贪婪的一面。我们在整理历史多年舞弊案例后发现,仅供应商选择环节,就有11个权力点曾被个人利用进行舞弊牟利,而其中8个都是对已有业务规则的突破。

控制设计与管理是门很深的学问,一方面,审计人员要深入理解业务规则和背后的逻辑,形成系统性认识,在分析风险与控制时审慎定位风险，不教业务"迈左脚还是迈右脚"，不做业务流程厚重的帮凶；另一方面，内审代表公司独立行使监督职能，提出做"公司长期商业成功核心价值的守护者，信任文化的建设者"的愿景。这要求审计人员更深刻全面地理解业务规则，除了关注审计对象对规则的遵从，自身也要"敬畏"业务规则。

规则控制不了所有风险

公司和采购高层领导都非常重视采购内控工作，在内控上投入了大量精力和资源。采购组织在支撑公司长期高速发展的同时，也较早达成了"内控基本满意"的目标。这几年对采购的打分审计结果，也明显印证了采购内控的进步。

但同时，每年仍不断查实泛采购相关人员舞弊，其中不乏大案。这说明，再完备的业务规则也管控不了所有风险。我们仔细分析历史上不少典型舞弊案例，发现舞弊相关业务在流程合规上完全没有问题，违法操作都在"桌面下"。

内审人在长期的泛采购审计中积累了丰富的经验，面对各种异常风险，有自己的"独门"方法和技巧。但在具体项目中，一些高风险能否被识别并被完整揭示，仍存在一定偶然性。

2019年内审BO成立，启动了审计数字化建设。我对如何更好地识别这些"规则之外的风险"做了一些思考和探索。

传统业务流程审计，主要是通过分析业务数据、依据业务规则识别风险。而"桌面下"的采购高风险操作，往往不会在公司内部留下任何业务痕迹，比如私下指定供应商、招标过程中的泄标、异常关联关系等。

对历史上揭示过的重大真实性风险和舞弊案例进行梳理后，我和团队一起逐步确定了新的工作思路。一是通过大数据分析采购结果：舞弊中的利益交换，最终会在采购结果中闭环；通过大数据分析特定人员和供应商的结果，比如编码的认证通过率、采购规模趋势和品类采购占比以及占比增长趋势等，这些信息在单个采购项目中是无法获取的。二是引入"天眼查"等外部数据，对供应商从进入华为前到在华为的业务进行立体画像：将供应商的资质、行业和外部风险等，与在华为的业务表现进行对比，同时建立华为人员与供应商的全程关联关系视图。

通过上述的风险建模和工具建设，审计在一些项目中取得了不错的效果。

在一个专家团审计项目中，我们使用风险模型对所有品类进行全量扫描，发现一个二级品类存在较多异常。一家国产供应商进入华为后，排挤资源池中的主流供应商，一年内采购占比快速提升到50%，大金额老编码均超常规快速完成替代，大部分新编码都是独家通过认证。

异常的采购结果触发了对该供应商的外部分析和关联分析。分析发现，该供应商进入华为前曾多次尝试进入华为未果；引入一名华为相关领域研发离职人员做高管后，通过借壳并购另一家公司，快速进入华为，该公司还有多名其他华为关联人员入职。

这次审计，揭示了泛采购人员与供应商间的异常关联关系和认证测试不真实等重大问题，也发现了多人藏在"桌面下"的舞弊异常信号。

对业务规则无法控制的"桌面下"的风险，我们通过总结历史经验，利用数字化等手段主动扩展审计能力边界，摆脱传统审计单纯依靠个人经验和能力，收到了较好的效果。

紧跟业务发展，感知业务动态

2015 年开始，随着公司经营策略调整和业务发展，公司服务性采购的规模增长迅猛。内审对这些业务逐步开展审计，在揭示业务重大风险的同时，也感知到与传统采购业务的巨大差异。

这些快速增长的服务性采购主要包括营销采购、人力外包采购和技术合作采购等。对比传统的实物采购，这些采购业务有其显著的特点。比如，需求多样且多是定制化需求；有明确的行业"玩法"，商务操作、报价模式复杂多样；标的价值很难准确量化、衡量。我们形象地称之为"软性采购"。这些特点所带来的需求主导采购、采购商务不真实和验收不真实等风险，一段时间内给基于确定性业务规则开展工作的审计带来了困扰。

这些新的采购形态，其实对业务部门也是"大姑娘坐花轿——头一回"。这几年，这些业务不断发展、成熟，逐步与业界最佳实践对齐。审计面对高速增长的采购规模也不敢掉以轻心，时刻与业务保持同步，密切关注其中可能的高风险。

2015 年我们对某 BG 的展览和展会业务开展审计，发现上亿元的采购竟然没有正式的验收规范，很多合同条款中也缺少验收明细。我问当时一个 Marketing 经理："你们这么大金额的采购，最后怎么做的验收？"他很放心地告诉我："展台设计是完全定制的，一直都是在现场做效果验收。不用太担心。"

后来审计的结果却是让人很担心，65%的展览项目未做实物验收，部分通过手工台账验收的项目，账实差异超过49%。

展会采购的商务规则也不明确，从物料采购模式变为租赁模式不建立价格基线。展会用到大量的触摸屏、便携机、投影仪等的租赁价格居然比同期公开市场的新机购买价高出一倍。

这次审计的最终结果是"五等，很不满意"。这可能是历史上最后一个五等项目，发现了多处风险和高风险，可我怎么也骄傲不起来。

2016年我们对这块高风险业务"回头看"，发现问题仍然存在：未明确验收标准，30%的项目未做实物验收；未建立统一的报价条目和基线等。直到2017年，随着验收和报价操作指导的正式发布，相关风险才逐渐控制住。

Marketing采购中的广告、媒介和数字营销等场景更为复杂。早期的审计过程中，往往出现采购人员和审计人员都两眼一抹黑的情况。采购说不清楚规则，审计无从评估。

一次审计沟通，我问一个负责广告采购刚一年的"资深"Marketing采购经理："公司刚请的一个明星代言应该花多少钱？"他说："这要看经纪公司报价。我们在报价基础上折一个比例再去谈。没办法，同是一线明星，价格也都差得远呢。"

再以媒介采购为例，华为采用的是行业通行的媒介代理模式。这种模式下，华为与真正的资源方之间隔着一层代理，关键信息不透明，这其中最重要的包括媒介执行价格、KPI、返点和代理费用等信息。随着公司 Marketing 业务规模快速增长，媒介采购的商务真实性风险越来越高。但这种信息不对称本身就是代理的一条商务"护城河"，是行业潜规则，非常难打破。

面对挑战，审计也与时俱进，学习审计业界的优秀实践，在 2018 年首次引入专业的媒介调查公司对华为媒介采购进行审计，打通了信息墙。最终，既全面客观地评估了媒介采购风险、获得了专业建议，也让审计深入了解了媒介行业的"玩法"。

采购监管不放松

采购是公司较早达成"基本满意"内控目标的业务领域。采购组织自上而下对内控的重视也有目共睹。三层防线共同发力，泛采购相关岗位的舞弊增长趋势有所遏制。随着业务的不断发展变化，采购领域的关联性舞弊、产业链投资舞弊、新形态营销舞弊等又冒了出来。这些都需要审计持续投入，紧跟业务变化，在审计中始终保持对风险的敏感触觉。

华为仍是一家正在成长中的公司，面对内外部的诸多不确定性，主动调整以适应各种变化。车 BU、生态合作和军团等新业务、新商业模式不断出现，从生产采购、综合采购到工程采购，在可见的未来仍将是公司最大的财务支出场景。面对巨量的采购支出，每一个内审人都应该保持足够的紧迫感和使命感。在公司各领域变革的大潮中，我们要始终敏锐如鹰，洞若观火；要智慧如海豚，敢于坚持原则的同时善于坚持原则；要虔诚如牧师，不忘初心，思考如何守护公司的长期商业成功。

阳光之下无死角

深耕后勤业务审计,保障"粮草先行"

杨新证　文　源　黄森华

随着华为主营业务的发展,公司的基建投资从 2000 年开始一直快速增长,从最初数十亿元至如今一百多亿元,投资额可以对标国内的大中型房地产企业,如松山湖基地就是大家耳熟能详的大型基建项目。全球业务的开疆扩土,人员队伍也不断壮大,行政后勤业务则要提供十万余人的办公场地和装修、餐饮服务管理。面对这么大的支出规模,基建、行政业务审计就应运而生了,而对应的审计能力建设经历了三个不同的阶段。

第一阶段:跟着感觉走。刚开始审计时,缺少成体系的打法,也没有太多的理论支撑,审计组进场之后根据自己的经验各显神通,发现的问题主要依赖于审计人员自身的专业背景。当时做基建审计,对采购业务理解深的就抓住几个大型招标项目一查到底,有现场经验的就对施工环节问题穷追猛打,有财务背景的又一头扎进量价数据中不能自拔，最终呈现出来的审计报告聚集了一堆问题。而且事后审计，一个项目从开工到最终结算完成一般需要四五年的时间，有时知道项目具体情况的人员都不知所终，所以当沟通审计报告时，基建的领导表示那都是过去的事情，现在不会发生这类问题了，但到底能否再次发生甚至当前是否正在发生就不得而知了。

第二阶段：跟着流程走。随着内审学习IBM开展打分审计，慢慢有了流程审计的思路。我们花了半年时间，连同基建、行政及内控部门一起对关键流程和关键控制点进行了全面梳理，在此基础上形成了第一版的审计程序，结合当时的实际情况划分了审计重点，这样做完一个项目之后就能对一个项目的整体管控情况有比较全面的了解和评价，并且业务部门也知道具体是哪个流程哪个环节出了什么样的问题、是流程执行问题还是流程建设问题。对于审计发现的问题，业务部门都会本着"一个问题、一类解决"的思路，从流程和制度上去解决，但是后来发现这同样带来一个困扰，就是一直会在流程上"打补丁"：审计发现问题之后，就签发一个补充规定或操作指导来解决并且实现了部分项目的阶段性审计。这就造成流程的"叠床架屋"，总有一堆文件走在签发的路上，怎么改变这个局面呢？

第三阶段：跟着风险走。通过和业务的持续对标，整体风险的管控要基于多个环节的联防联动，所以这个阶段我们也慢慢转向风险导向的审计，纵向、横向拉通检查，聚焦和业务达成共识的几类重点风险的管控，推动业务部门在确认根因的基础上形成系统性解决方案。基建工程地点分散、体量庞大、专业门类多,行政业务服务每一项都需要开支,工作非常琐碎,仅靠人拉肩扛两个月的现场审计很难深入。为了解决这些问题,我们又进行了数字化审计的变革,引入 RPA(Robotic Process Automation,机器人流程自动化)等工具来增强我们的作战能力。

风险导向的华为基建审计实例

华为基建业务遍及全国多个省份,甚至在海外多个国家也有金额不小的基建项目,业态涉及工业园、研发中心、办公楼、厂房、展厅、公寓和数据中心等,专业门类众多,建设档次较高,经常同时开工多个数十亿元以上的大型工地,对基建管理构成了极大的挑战。面临国内施工方良莠不齐、建筑市场环境错综复杂的局面,投资巨大的华为基建项目切切实实成为一块块香饽饽,各方都想来分一杯羹;而华为基建管理部门作为平台部门,只能实行精兵战略,在有限的人力和较高的管理要求之间做好效率和风险的平衡。

根据公司基建业务的特点,与业界的基建审计相比,公司基建审计较少关注基建项目的经济效益、利用情况和投资效果以及资金筹措与来源渠道,更多侧重于评价和监督基建从设计、招标到施工、造价和验收等环节的成本、质量和进度的管控情况,推动业务保质控本地完成基建项目,同时严查异常的经济行为,遏制腐败。审计成为基建业务在管理改进及优化、流程遵从及风险控制、反贪腐和合规方面一支重要且不可或缺的力量。

抽丝剥茧找根因

华为在华北投资的某厂房及办公的综合体建筑由某大型国企总包，实力雄厚，技术全面，有一级钢结构设计施工的资质，但是还未竣工验收时就发现施工的钢结构连接体断裂，差点发生整体垮塌的严重质量事故，施工方和设计方各执一词。审计进场后，通过查阅监理日志、相关会议记录和进场人员记录，发现总包方把钢结构工程的施工转包给当地无资质的钢结构企业，小单位焊缝施工能力差，同时也没有焊缝探伤检测能力，为了降低成本，在焊缝探伤拍片时也没有按规定的比例来抽样检查，为了凑成探伤比例需要的检测照片，采用在同一个部位的重复拍片来替代不同部位的探伤结果，从而导致大批不合格的焊缝未被发现。监理也未在过程中进行旁站发现该问题。究其原因，在于当时华为基建管理过程中，劳务分包和专业分包的概念还比较模糊，钢结构焊缝施工和探伤是有专业门槛的，但我们在采购合同中没有相关的约束条款，施工过程中对于违规进行部分转包的行为也疏于管控，让总包单位引入了不符合专业要求的分包队伍，导致发生了严重的质量后果，虽然能够整改，但是在外观和工期、成本方面的损失是无法挽回的。

华为基建从这次事故中吸取教训，加强了专业分包的划分，陆续引入了特殊专业单独发包、甲指乙供或甲供材料等方法，力求专业的事情由专业的人员去做。

现场抽样，夯实施工管理的主体责任，保质量控成本

由于受我国的建筑行业大环境影响，早年间每次基建审计

都会发现大量的品牌不符、少做漏做、降低标准和功能不达标等情况，结果是支出了"宝马"的成本得到了"叫驴"的体验。尤其是机电和精装修等专业，设备材料复杂，涉及的参数多，稍一变动，差价巨大，不在现场投入大量精力又很难发现。比如华为在国内某大型项目的压缩气体工艺系统，图纸及技术说明均要求接球阀处采用特定长度的同口径不锈钢无缝管与主管焊接，造价部门也据此进行数量统计并套用价格，实际检查现场时却发现施工单位将球阀直接焊接在主管道上进行施工，给安全和检修带来了隐患；不锈钢无缝管单价约50元/米，该项目仅此一项即涉及整改费用×百万元。至于只有原设计标准1/10厚度的防火涂料、未按合同要求进行热浸均质处理的钢化玻璃、不符合参数要求的风管风机、品牌表外的强弱电设备等例子更是不胜枚举，这些发现被披露后都使得基建管理部门在品牌报审、材料进场和节点验收方面不断加强管理。

　　同时，不同合同界面、专业交叉界面也是容易发生成本浪费的高风险地带，不但极易出现有意或无意的少做漏做、没有进行减项变更导致多支出成本的情况，还有可能存在因内部协调沟通不充分而产生的浪费情况。如西北某地的工业园建设项目，设计时考虑建筑节能和隔音的原因，采用了呼吸式幕墙。审计进场后发现在吊顶部位设置的暖通系统完全没有和幕墙的通风换气层进行连接，与项目经理及暖通和幕墙的专业人员澄清时，发现深化设计时没配合好，施工顺序不对，幕墙装了，在吊顶部位设置的暖通系统完全没法和幕墙的通风换气层进行连接，呼吸式幕墙不能强制通风排气，高成本（五百余万元）

建设的内层幕墙成了无法发挥作用的摆设。针对类似问题，基建管理部建立了跨专业设计联席评审机制，力求减少因不同专业间缺少衔接或冲突情况下造成的损失和浪费。

风险导向、紧扣异常、优化流程、抵制贪腐

在审计过程中，我们会发现有一些现象或行为在流程上可能也是被遵从的，但是最终带来了不良的结果或影响。华为某研发基地办公楼项目的精装修专业采用总价包干的采购合同，在进行结算审计时，发现该合同的最终结算价格超出招标合同总价比例较大。深入检查发现，该项目进行招标时由于进度要求比较紧张，其中某地块图纸设计还未完成就开始进行施工招标，因此该区域的工程量估算后作为暂定量参与招标，但是计算商务分时，采购部门将暂定量的价格也纳入合同总价进行统计比较，由于其中几个大项的暂定量的工程量给的极低，中标供应商虽然总价最低，但这几个大项的单价都报得比较高，后继设计确定后暂定量中几个大项的最终数量大幅上升，实际成本增加×百万元。这一情况经审计披露后，暂定量这种本来就不甚规范的模式得到了重点约束，在此后的业务中就很少出现了。

基建采购量大，易滋生腐败。比如，时任基建项目总监的 X 某和基建采购部的主管 F 某，滥用招标信息和岗位影响力，协助外部中间人在重大基建项目中组织供应商进行围标并按合同额提成，舞弊金额巨大，X 某和 F 某从中间人收受巨额好处费。X 某和 F 某入职华为多年，因杰出的工作能力被委以重任，完全可以通过正常途径跟随公司共同成长，但经此一案，双双被移交司法机关处理。

还有一个案例，Z某入职华为基建TQC（技术质量认证）之前在行业内经验丰富，对于基建供应商急于中标从而"病急乱投医"的心理十分了解。他入职之后就一直想通过不法途径敛财，但苦于华为基建相对完善的运作流程和监督机制一直未能得逞，后来干脆利用供应商认证岗位以及招标小组成员身份的便利，在供应商面前营造个人能控制供应商入围和获标份额有话语权等方式夸大自身影响力，并以向供应商提供标书指导和泄露招标信息等方式给供应商提供协助，向供应商索要好处费或回扣，截至2014年Z某从多家供应商收受了巨额的贿赂。对于这种恶劣的贪腐行为，公司坚决查处，最终Z某被移交司法机关处理，行贿Z某的几家供应商也被罚款和列入黑名单。

我们在审计过程中还发现，华为的一些基建采购人员很喜欢开标之后再和供应商进一步谈判价格，甚至存在二次招标的情况，这会造成两种弊端：一种就是投标方考虑到反正是要二次报价的，在首次报价时都不报实价，入围之后再慢慢谈；另一种就是容易扰乱正常的招投标市场，给某些浑水摸鱼的人员有可乘之机。内审发现这些问题之后，基建采购建立完善的标后谈判流程，不该谈的一律不谈，实在要谈的严格遵循此次新建立的流程报审批后执行。

保障"粮草安全"的行政后勤服务审计

后勤服务供应商准入门槛低，固有风险较高。基于这样的业务背景，2011年内审开始加大了对行政后勤业务的审计，主要围绕经济损失、成本浪费、流程控制缺失和流程不遵从等展开，摸索出一套小型整改业务审计的成熟方法。

国内办公场地装修费用占比高，是审计的重点领域

"改善环境，让员工舒适办公，提高效率，这才是真正的降成本"，公司高度重视改善员工办公作战条件。当国内的食住行基本社会化以后，办公场地装修费用自然成了支出的大头，2011年后勤业务审计初期就将办公室装修纳入重点关注范畴。鉴于"办公室租赁和装修（不动产管理业务）的专业性强、标准要求高"，我们聚焦需求和验收真实性和多结算付款等方面深入项目，发挥独立监督和促改进作用。

亲历的装修审计项目中，印象较深的是2013年深圳小型整改业务审计。回顾整个项目过程，挑战颇多。当时，审计项目组没有人了解装修工程的审计方法，也基本没有历史审计项目参考，只能边干边摸索。验收时需分办公区域进行现场查验，审计项目组投入的人力最多，而且影响面也较大，不只涉及我司内部的业务改进，也牵涉多家外部供应商的扣罚款，因此每一个问题和每一项罚款金额都必须谨慎确认。

验收环节审计前，我们首先识别了监管统一战线，邀请到

工程验收处的同人，现场演示了一把小型整改项目稽查过程，算是师傅领进门，学习到了检查装修物料的品牌、规格和型号的方法，以及计算面积和长度的大致规则。

接下来的修行就要靠我们自己了，最关键的是勇于实践、深入装修现场。连续三周，我们的工作就是约好供应商接口人到施工地点报到，检查天花板、地板和墙面，上房揭瓦看强电、弱电和空调管道，挖地三尺看电缆布线，可谓上天入地。为避免对业务运行产生干扰，取样检查的地点、时间和方式也要考虑周全，常常是到了饭点仍在现场核查。

供应商最初是排斥审计的，但看到我们工作认真、靠谱，也不由感叹道"这么敬业，如果我是老板，也聘请你来工作"，甚至开始敞开心扉，抱怨供应商内部管理上存在的问题。于是，我们顺着历史罚款，关注到有假冒的6类网线，这类网线单价较贵，且在我司应用广泛。随后经过现场排查发现，5家供应商中有4家的6类网线均为假冒，因为事先取样经过供应商签字确认，供应商也承认了假冒的事实。

供应商这么多假冒的材料，项目经理真的发现不了，还是发现了却帮忙掩盖事实？我们将目光聚焦在了负责管理深圳基地小型整改的项目经理P身上，发现他管理的项目中A供应商假冒材料和施工问题最多，处罚最少。经过深入了解，最后P承认他在发现供应商施工问题时"睁一只眼、闭一只眼"，只处罚一些小问题，供应商投桃报李，工程间隙顺手把P刚刚在深圳买的房子"顺带"精装修了。P因严重违反了《华为员工商业行为准则》（BCG）而受到了惩处。

就这样，我们发现验收环节的问题较严重，大量供应商存在降低规格、未经审批更换品牌、使用假冒网线和多报工程量等问题，这个项目审计结果是"不满意"。结果出来以后，被审计单位——深圳后勤服务分部高度关注，开展了行政后勤服务部对小型整改业务从采购、需求、验收到付款全流程的改进，制定了办公装修标准，成立不动产业务区域中心统管装修业务，专业事情专家做，装修采购和验收管理向大供应商汇聚等，内控管理水平得到大幅提升。

海外关注支出高、实行小循环变革的吃住行

中方员工外派海外需要有力的后勤保障，海外行政费用中吃住行支出占比高，2015年后勤组织"去矩阵化管理"，"通过自我小循环运作，释放对主航道作战部队的拖累，更高效地提供支撑和服务"。内审则开始加强对小循环变革的全球审计，行政审计人员每年三四次出差海外做项目，一次差不多两个月，足迹踏遍中东、非洲、欧洲、独联体、拉美和亚太，开展后勤服务业务的监督。以下几个海外行政的审计小片段，回忆起来仍然令人印象深刻。

吃在拉丁美洲。拉丁美洲A国审计发现食材采购需求未经审核，由厨师向未认证的供应商下单和采购，出现厨师关联供应商和几家不同供应商发票是连号的异常情况，涉及××万美元。现场审计过半时，翻阅凭证发现膳食业务职责不分离和发票连号的问题，我们隐约感觉到在当前的内控现状下这些浮出水面的问题只是表面的，"冰山"下隐藏的问题还没有完全被揭示。于是，我们决定走访食堂和市场供应商，拓展思路，没想到竟有"意外"收获：食堂一名本地保安提供了厨师可能有关联供应商的线索，以及一个记录了日常收货和采购等异常情况的日记本。审计走访该供应商，发现其规模小、经营灵活，基本以手工填写发票为主。根据走访获取的信息，我们再次仔细查阅了供应商营业执照，一家供应商引起了我们的注意，这家供应商在我司存档的营业执照只有一页，缺失了带有股东信息的关键页。后经调取完整的营业执照，我们验证了厨师就是这家供应商的老板和厨师关联交易的事实。

住在中东。中东B国审计发现，宿舍管理员的父亲在华为旅馆供应商处任职，管理1栋员工别墅宿舍，这违反"商业行为准则"中申报并回避交易活动的要求。初到当地，我们了解到中方员工住宿通常安排在公司附近的别墅，这些别墅是当地华人租赁，再提供给华为员工住宿。我们首先分析了近两年的宿舍安排记录，发现有若干供应商安排员工入住量锐减，而一家新引入的供应商则排满了员工住宿，这家供应商租赁别墅一周后即成为华为供应商，数据信息异常。接着，我们首先走访了入住量锐减的旅馆供应商，其中一家供应商投诉我司宿舍管理员的父亲租赁了1栋别墅，并安排员工去关联旅馆住宿，宿舍地址恰好是这家新引入的供应商。为弄清楚事实真相，我们走访了这栋别墅宿舍，看到了张贴在门上的住宿联系人姓名和电话，后经确认正是宿舍管理员的父亲。

行在中亚。中亚C国审计发现45辆（占比为94%）班车违规转包或挂靠和司机假期公车私用的问题。C国车辆多、费用高。我们在当地约谈了班车供应商，了解到其经营模式并非全部是自有车。于是，我们向行政调取了班车入场验收文档，发现绝大部分车辆为挂靠，代表处行政科司机队队长和其下属竟然出现在车主姓名中。通过车辆 GPS 轨迹记录发现，多名司机在当地假期开车到旅游景点和海边，公车私用。

行政后勤业务烦琐复杂，审计就这样一个一个国家、沿着食住行一块一块地开展着。对于审计发现的问题，当地代表处都很重视并及时改进。从全球角度看，行政后勤服务的 Owner 更是从业务模式、流程、组织和 IT 等方面进行优化，如明确办公租赁和装修的标准，专业直管各代表处的租赁和装修业务；上线 GWAR（全球行政战略地图）平台，集成看板、风险地图等；由主流 IFM（Integrated Facility Management，综合设施管理）供应商覆盖物业管理；车辆上线 Mr.car、OBD、iAdmin 等 IT 工具，从需求、用车和付款实行端到端管理；住宿数据例行晾晒，提升入住率；采购通过框招向行业 TOP 供应商汇聚，实现优质优价。通过对后勤服务高风险业务的持续管理，三层防线的运作例行化，后勤服务内控成熟度从 2013 年的"不满意"不断提升，2018 年达到了公司要求的内控"基本满意"目标。

华为内审的能力和理念一直在变化中进步，但支撑内控环境不断有效改善、对腐败行为标本兼治、推动业务持续管理改进的初心一直没有改变，并在实践中不断地释放自己的独特价值，为公司的良性发展添砖加瓦。

世界很大，我们一起走过

黄万能　杨杏玲

我在华为内审十多年，基本是以接口区域审计为主，常驻过非洲、亚太、欧洲和独联体，这些常驻海外的工作历程，刚好见证了公司海外业务从摸索到拓展，再到不少地区部及国家份额登顶的发展过程，也是华为海外区域及内审、内控组织从摸索、落地、建设、能力提升和监管理念不断变革提升的过程。

探索篇

在华为海外业务拓展初期，主要是以运营商设备销售业务为主，开始有少量的土建工程交付业务，在经营及监管上，按收、支两条线独立的核心原则来保障销售回款及资金、支出安全。在实际开展过程中，一方面，由于市场地位普遍很低，内部针对不同国家及市场环境的商业模式、合同条款、采购基线和子公司运营经验等方面基本是空白;另一方面,由于组织不完备和人员经验少,有些国家甚至只有一二名员工,如大家熟知的"一人一厨一狗""追鸡"等难忘又动人的开荒拓土故事,就是这类国家刚开始拓展业务的缩影。这个阶段,一线团队的风险意识还较弱,在业务拓展时出现过许多问题,既有经验,也有教训,供我们在初期的保障销售回款及资金、支出安全等关键管控上不断反思和改进。

没有监管的信任,就是放任

2007年至2008年,公司考虑到海外业务的安全,内审、BC(业务控制)等专职监管人员开始通过出差覆盖及外派常驻的方式抵近一线。我跟另外五个兄弟姐妹可能是因为年轻力壮而被安排负责接口非洲。各内审、内控小组落地区域时,区域主管还是有挺多不同的声音,既有"是不是公司不信任我""这个组织在这能给我带来什么价值"等怀疑的声音,也有"区域不需要内审组织,不需要这么多人常驻"等否定的声音。当然,也有比较开放的主管,给了我们很多工作和后勤上的支持和帮助。我们也开始面临文化、语言、疾病和治安威胁等客观困难,还有对当地业务和法律要求不熟悉、经验不够等方面的挑战。

我作为项目经理,第一个区域项目是H国代表处的审计。H国的运营商市场竞争非常激烈,既有国企电信,也有跨国巨头,而华为在H国的份额及布局能够快速拓展,业务规模很快上升到一个新台阶，得益于代表处能干又懂本地语言的客户经理的助力，整个代表处的规模快速上升到了一个新台阶。大家都对 A 赞不绝口，在对外、对内界面的沟通交流上，代表处都比较依赖他，给予了他较多的信任和授权。

审计项目组出发前通过审计三板斧"访谈、分析、穿行"，对 H 国代表处业务、人员及风险有了初步的评估，订货及收入的数据引起了我们的注意，2007 年 6 月、12 月确认的部分接近全年总额的 70%，尤其是 12 月，几乎占 50%，而且集中在增长指标比较亮眼的某系统部。虽然 6 月及 12 月订货及合同冲刺是业务模式的一个共同特征，但这么突出的业绩还是少见，而负责该系统部合同谈判和签署的就是客户经理 A。

刚到代表处，当地全都使用本地语言，懂英语的人极少，合同、验收和采购等文档检查大都使用本地语言，我们看着那仿佛外星文一样的字符，一种无力感油然而生，如何顺利进行外部访谈成为我们面临的一个巨大挑战。

我们好不容易找到了一个热情又正直的本地员工，帮助我们在必要时进行翻译，以及联系外部的渠道和供应商等，这极大地解决了我们在语言上的困难。我们结合数据快速圈定了该系统部的重点合同及文本，决定从签章页上客户的签名入手。除了 A，其他人都接触不到该系统部客户的业务。刚开始，A 以自己不记得细节、需要跟客户确认一下为由作为回复。过了几天，他转了一个客户回复的邮件，客户反馈当时年底因身体不舒服住院，是躺在病床上签的名。这似乎是无懈可击的理由。随着项目的不断深入，通过和其他文档客户签名的不断比对，后来发现客户经理 A 为了达成考核指标及超长期借货核销等，虚构及伪造了一部分合同及收入文档。再后来，顺着这个线索，我们还发现 A 通过阴阳合同及假合同，把易变现产品进行倒卖而不当获利。

这是华为初期在海外快速拓展、粗放管理阶段的一个缩影。在一些地方，由于主管的过度信任放权管理导致的经济舞弊问题也慢慢暴露出来。这些经验教训，使得一线的销售主管慢慢有了风险意识，开始重视监管的作用。公司也开始大力推行合同标准条款等，如"唯一回款账号签入合同"作为必要条款，及采购参与行政业务等模式进行优化及推行。

交付三个月，整改大半年

在初期的工程交付领域，当时流传着这样的话："一年期的工程交付，友商思考及准备七个月，剩下五个月进行发货、安装及调测；华为则快速发货安装花三个月，剩下大半年则不断返工和整改。"

这个说法略显夸张，但在某种程度上说明了我们在交付领域的经验和管理上的不足，比如非洲 T 国 Turnkey（交钥匙工程）项目算是公司比较早的 Turnkey 项目。那时候站点设计还没有特别强的站型统一设计施工的理念，加上 PR（采购需求）、PO（采购订单）及物料出库、施工进度和设计调整等都是靠手工台账管理为主，而且还是一个 PO 多个站点的下单方式，实际交付过程中因站点获取等因素发生较多变更时，变更管理跟不上，于是就出现了种种问题：施工跟最新设计不一致，铁塔等物料与实际需要不一致，为了赶工期和进度，只好从这个站挪到另一个站，挪动状态也没集中更新到 PMO（项目交付管理）……到了项目中后期，最主要的铁塔已经出库，比开工的站点数量还多，但还有不少站点没有铁塔。在一次审计项目中，审计组最后发现，超过 40 多座的铁塔找不到，丢失或者是被变卖了。工程远远超出承诺日期而未能交付及验收。当时的交付负责人时不时怒吼的声音，一直充斥在地区部的办公室里。

在区域，我们一边审计一边推动业务及时改进。通过多个项目的经验和教训，交付开始重视集成交付，并按 Cluster（集群）、站点和 PO 类型予以标准化，供应商的报价、选择、施工和验收跟客户界面基本匹配。

建设篇

2009 年至 2014 年，运营商业务大发展时期，企业网及终端业务开始布局；IFS 变革后，全球流程概念及政策也开始在海外区域推广和落地。但由于各区域组织和人员快速增加，业务场景复杂且差异化较大，所以内控问题比较多。一线干部对流程建设和遵从性意识的理解和重视也参差不齐，部分干部自己都不遵从流程关键要求，有些是形式遵从，更有甚者，有些干部还带头腐败。内控 PC（Process Controller，流程控制者）、BC（Business Controller，业务控制者）及审计等监管组织抵近一线后，不断思考和探索组织的定位和价值，如何更好地助力流程本地化适配，支撑业务快速发展。经过区域内审、内控及 HR、财经等部门的协同研究，决策先做好区域执行标准化流程价值和作用的沟通和宣传，通过识别和查处带头破坏流程甚至腐败的干部来进行威慑，以防止和制止在快速发展阶段腐败与造假现象的发生。

是助手，而不是"阻"手

如何让一线理解流程的标准化是对效率的提升而不是阻碍，如何设计及匹配满足当地业务及内控需要的本地化流程，以发挥和实现"流程是最佳实践的固化"这个价值？

2009年，带着这个思考，内审联合采购和供应内控相关组织，在K国开展全球第一个CAR（Control Assessment Review，控制评估审视）项目，只对流程的控制有效性进行审视，不进行打分。我们的目的是收集区域业务诉求及痛点，分析实际业务模式和抽样验证内控风险，以评估现有操作是否能支撑业务的日常效率并对关键风险进行有效控制。

当时一线的痛点和难点，主要集中在涉及跨部门、跨体系合作，或者是责任界面不太清晰的业务和跨流程的关键环节，这既是业务的痛点，也是内控的痛点。如销售软、硬件的报价、关联定价如何兼顾销售及当地海关税收优惠，工程采购中交付需求与采购履行的相应匹配，行政采购中公共关系类服务采购如何保障成本合理与真实性，等等。这些往往都需要多个模块和部门合作，而各部门也都有自己的诉求和底线。一线执行过程中，流程责任界面如何分工，KCP点（关键控制点）如何设置，能否与全球流程标准设置不一样，在区域中谁来组织，日常谁来维护遵从，谁来负责改进？

在联合审计项目过程中，我们结合验证实际业务中的内控风险，同时我们也和业务、财经、PC 和 BC 做了多轮讨论，进一步为 PC 作为 CPO（Country Process Owner，国家流程责任者）的流程助手、CBC（Country Business Controller，国家业务控制者）作为内控建设的指导员的作用提供了方法和工具。

通过此项目的试点，一方面揭示了上述几个跨流程业务的内部业绩造假和采购费用舞弊等风险；另一方面，我们也组织机关、各地区部和代表处讨论，最终明确了流程交叉的责任界面和内控组织的责任和分工，真正做到了内控组织及价值融入业务，进而提升效率。

一把手是"纲"，干部是"领"

2009 年至 2010 年，三层防线的内控责任体系逐步在区域落地，"各区域一把手是内控第一责任人，承担识别及管理业务过程中 95% 的风险"虽然已经明确，而且也写进了各综合管理者的 PBC 里，但大多数区域主管心里仍觉得内控是 PC、BC 及财经的事。自己业务压力那么大，怎么有空关注内控呢？所以他们对所负责业务的内控氛围、内控责任落实和内控违规处理等仍不太重视。要快速推动对内控建设的重视和实质遵从，还是要提"纲"挈"领"，先抓一把手和他的团队。

2011 年，在同一地区部的两个国家的审计项目过程中，项目组发现两个共同特征：一是一些主管比较长时间在一个地区部或一个国家工作；二是费用普遍比较高且集中在几个主管身上。项目组着重关注这些主管在业务和日常生活上的费用真实性，发现这些长时间待在一个地方的主管，在业务上成功之后开始膨胀，已然把公司的核心价值观抛诸脑后，开始"抱团"享受，生活奢侈糜烂，平时花销大手大脚，挥霍无度，利用空子公费私报，某部长甚至在新岗位上联合渠道商做第二职业等。同时项目组还发现有一个特别的疑问：某些下属报的大额费用，怎么还继续提给前主管审批。带着这些疑问和越来越多的信息收集和分析，一个团队共同腐化的图谱逐渐呈现出来了。

在项目过程中，甚至还有一个系统部主任叫嚣："我们给公司创造了多少利润，打开了多少市场，我给公司贡献的时候，你们都还没进公司，你们没有资格来审计我……"然而，业务归业务，违规归违规，随着项目的深入挖掘，他们最终承认了错误并受到了应有的惩处。

同时期，在国内也有几名一把手被查处、被敲打，审计委员会对内控成熟度不达标或排名靠后的主管进行问责弹劾，干部作风要求、区域常驻的轮换制度等规章制度陆续出台，区域各级主管才整体从思想上和行动上明显重视流程内控建设和团队遵从文化的培养。

执行这张皮如何"2"变"1"

华为旗舰手机 Mate 7 在国内大卖后，终端业务在海外奋力拓展，最初组织及人员统一在地区部、代表处下管理，但终端业务的产品、客户以及商业模式都跟运营商业务完全不一样，所以可借鉴的流程比较少，需要重新摸索。

为快速补充经验，机关及区域国家招聘了很多行业工作经验的业界明白人，尤其是渠道、营销等关键岗位。在国家组织层面，都是以本地为主，而国家主管，也基本采用"1中方+1本地"的搭配方式，团队基本是"运营商转身＋业界明白人＋自身培养"的多元化组合。由于语言沟通效率及文化差异等影响，对内、向上沟通汇报主要以中方主管为主，而对外、向周边的沟通，则以本地主管主导。部分国家在执行过程中出现了内部和外部两个不同版本的"故事"。

2014年至2015年，F国是一个运营商及公开市场几乎各占一半的混合型终端市场，当时业务刚起步，市场份额占3%左右，团队任命的国家主管是中方员工，而销售及零售部长分别都是本地员工，三人前期还曾在同一家公司就职过。日常工作过程中，中方主管较少参与实际对外部渠道和零售商、供应商有关激励和营销活动等谈判和沟通事宜，关键协议的承诺和签署等，这些都是以本地主管为主，中方主管主要向内部申请预算、激励等活动的申请和系统审批。我们在F国开展终端审计项目过程中，发现大量的激励、联合营销活动验收支撑与协议内容时间等完全是两码事，能看出来不少是后补协议，或者是后补验收材料的，实际的业务过程与内部的流程管理、要求，完全是"两张皮"。经审计发现，销售VP（副总裁）等通过私下承诺，季度/年末制定当期达量返利规则，以及选择性激励机型/渠道等方式将激励集中在三家国包中的一家，这家代理的机型异地激活占比超过40%；销售VP及零售部长，通过虚设联合营销活动或多申请金额的方式在这家国包预留资金，依据销售VP

的要求使用，实质已经形成了体外资金池。

　　各地区部开始大力梳理及整顿内、外执行"两张皮"的问题，对关键部门中方及外方员工相互组合，同时统一"操盘委员会""营销委员会""采购委员会"标准职责和运作，以及明确我司对外协议、承诺统一公邮等出口，使得业务管理变成真正的"一张皮"。公司层面，体外资金池等也开始被列入"红线"管理，要求财经跟渠道定期对账的范围包含激励等方面的内容。这为终端规范化的运作和在全球范围内的销售快速健康增长打下了基础。

提升篇

　　2014年至2016年，海外区域ICT业务逐渐走向成熟，终端业务快速发展，组织上开始了3BG（运营商、企业、终端）的运作方式，业务、组织及人员管理更加复杂。在干部层面，对运营商代表、企业网部长和终端部长的晋升要求要有海外经验和跨BG经验。为提升区域各层主管在一线的综合管理能力，尤其是监管能力，公司开展监管重装旅培训赋能及实习训战，也就是业务主管必须参加监管的赋能、培训与实习。董事会明确了3个BG国家代表/部长、地区部总裁等几类高风险经济责任岗位的干部离任必审或者任期届满必审，以促进干部自律及高效行权。这样来综合提升关键干部的自律、行权质量、风险意识及监管能力。

　　在内控方面，流程适配及遵从文化在区域也建立起来了，基本消灭了多发性的造假、大的浪费以及多发性的内部腐败问题。在此基础上，内审开始聚焦重点国家、重点风险，进入强化实质遵从的阶段。

GM 一瘸一拐的背影很动人

在我接口的区域里，大国 T 是一个经济、政治和文化大国，营商环境复杂。L 是当时 T 国的国家代表，他第一次担任海外国家主管，以拼命和高要求出名。当时公司安排他作为项目成员到我负责的 T 国一个审计项目里实战，让他看业务多一个审计的视角。

刚知道这个安排，我就开始思考，如何通过这个审计项目实现双赢：既能发挥他的长处，也能给他及 T 国在内控提升上带来增值。

刚到 T 国，我和他进行坦诚及开放的交流，很快双方就建立了比较好的信任基础：如何在复杂的营商环境下建立有效的威慑是我们的重点目标。

说干就干。在项目审计过程中我们发现，在 T 国工程交付的路测服务的采购合同有问题，价格异常。我们初次和供应商的老板访谈时，老板有点顾左右而言他。我们初步判断这中间涉及虚假采购。如何进一步获取真凭实据呢？针对此情况，L 以 GM（General Manager，总经理）的身份预约他，到其总部交流，表明华为对供应商廉洁合作的态度和政策要求，以及未来两三年还有更大的合作空间，也表达了在日常合作中因为内部管理及外部环境等因素，在合作中存在一些管理漏洞，希望能一起查处和堵住漏洞。老板把其他人员支走后，表达在他们内部也做了认真的回溯：当时第一次跟华为合作路测业务，和他们接口的本地交付人员"介绍和指定"了非正常渠道的测试软件及采购对象，价格的确比官方渠道便宜不少，由于太希望得到这个合作机会，也没多想就接受了制作假合同及其他一些"附加"要求。

获取真实情况及材料后，L召集了法务和HR，进行了详尽的准备工作，在遵守当地法律法规下对本地该交付员工进行了惩处，并第一时间给全员公示了该违规案例，起到了较好的威慑作用。

在审计过程中，我们收到了另一个工程交付供应商的投诉。投诉反馈T国的工程交付被本地的交付主管扰乱了市场，即使每次采购都有招标，但在项目实际交付过程中都会被项目经理和工程师等以交付质量、赶进度等理由，调整实际份额，最终份额与招标结果差异较大，涉及多名交付工程师、区域经理，以及很可能有关联的本地交付VP。由于种种原因，供应商有所顾忌且不肯提供有效的材料。

我们通过收集材料看到，此供应商的超期未验收PO及未付款比例比较突出，同时看到供应商交付问题管理系统中也有过两次交付质量记录。L决定以总经理的身份去拜访供应商，希望能了解供应商的难处，并且希望取得有效的材料。供应商办公室在另一座城市，出发前一天L还因为忙着一个大的投标项目忙到深夜2点多，然后一大早就赶到酒店跟我们会合，直奔机场。

世界很大，我们一起走过

供应商老板因为 L 的亲自拜访而非常感动，并带着一点紧张。他耐心和详细地给我们介绍了跟华为合作以来的情况，合作过程中存在的困难和挑战，以及目前不敢提供材料的顾虑。最后，供应商老板给我们展示了一些关键材料，我们看到一些本地经理要求他们配合虚增 PR/PO 的验收材料和记录。终于找到了突破口，项目组几个人内心激动了好久。结束后，L 还要赶航班回国内出差，连饭也没吃，又口干舌燥地奔向机场。在机场分开的那一刻，我看着 L 拖着带有旧伤的腿，一瘸一拐的身影渐渐远离的时候，眼睛不禁因一丝感动而变得模糊。

经过这次项目，T 国处理了包含交付 VP 在内的几名人员，算是在一定程度上解决了交付领域的长期"恶疾"。L 以自身的细致工作、构建诚信的合作环境和树立有效的威慑，在审计实战中取得了好成绩。也正是有一大批像 L 这样艰苦而忘我工作的主管，我们在全世界各个市场都能获得客户的认可和取得一个又一个的突破。

敢于改正错误缺点的干部青春永存

由于 3BG 业务的快速发展，企业、终端及代表处/办事处等提拔了不少的年轻干部，区域的干部离任也开始频繁起来。离任审计则主要围绕离任干部的费用、采购、销售合作和 AT 等关键权力履行和绩效真实性进行。我承担过多个干部离任审计项目，最让我印象深刻的，是对 M 办事处的主任 H 的离任审计。

当时 M 办事处属于项目型的组织，业务和人员都是随着项目完成的周期变化而变化，H 前期通过抓住几个项目机会点后从客户经理升至办事处主任，综合管理经验相对会少一点。周边访谈时，"年轻、有冲劲"是他突出的标签。初步的数据分析，主要疑问在其个人考勤及部分费用提前确认收入上。

H三十而立，刚组建家庭并且还有了小孩，正是为公司及家庭贡献的最佳年纪。第一次和H沟通的时候，我重点给他讲了公司对干部的要求及申报的政策，临走前特意提醒了一句："公司给大家做离任审计，不是为了事后追究谁的责任，更多地是通过对过去任期的审视，及时给干部拍拍肩膀提提醒，为以后走到更高岗位行权更加规范高效，也给团队树立更好的榜样。"

一个周末的晚上，H打电话约我见面。刚坐下，H就一脸羞愧地说："自从做了一些错误的事之后，我一直忐忑不安，这两三天更是不断地进行自我思想斗争。一方面是承认了，担心自己后面的职业生涯从此就没了；另一方面是不承认，我知道公司对BCG问题都是'零容忍'的，肯定会付出更大的代价。想到自己好不容易通过高考名校毕业，而且还没怎么给妻子和孩子创造真正的好生活，我觉得还是说出来会让自己更心安一点。这是我自己写的反省，我也会给代表和地区部的领导做检讨并改进。在以后的日子里，我也一定会用自己的亲身经历，来提醒和教育身边的同事，为团队做出更好的榜样作用。"

看着满满的好几页文字，过程中有些写了还在旁边做了不少补充，能看得出其悔过的决心和为自己所做事情的愧疚，我刚好想起任总说过的一句话，用来勉励H："敢于改正错误缺点的人，青春永存。"

世界很大，我们一起走过

挑战篇

2016年至2018年，运营商业务份额领先，组织稳定，终端组织开始独立运作，部分国家份额登顶，区域大国内控也陆续实现基本满意。

随着一个又一个的业务单元陆续出现审计打分基本满意，全球流程及内控建设到了整体接近基本满意的阶段。各地区部及代表处也在经营效率提升、管理变革等方面开始争先恐后做试点、争标杆，在持续追求规模增长的KPI压力及管理创新等导向下出现各种"讲故事"的业务变形及管理内卷。内控及监管也开始了在整体基本满意下的价值及方向的新思考和新挑战。

执行10年的合同

在2016年年底的审计年度规划中，结合周边访谈和日常信息输入，以及数据分析结果，内审部规划了软件、服务等项目收入和利润占比相对较高、收入利润等指标这两年都刚好达目标值的两个代表处的审计项目。我们在审计中发现其中一个代表处年底部分有跟设备捆绑的软件收入，在设备未全部完成交付、安装和调测的情况下相应的软件就已经确认收入……还有一个不同寻常的合同，代表处在2016年刚签下为期5年的维保合同，紧接着把2021年至2025年的下一个5年期的维保合同也签回来了，并且非常自豪地拍胸脯反馈说："这个合同实现了未来10年维保服务的锁定,而且有条款、有价格、有时间、可履行,完全满足合同录入订货的标准,符合公司的流程和规则要求。"这哪里是"符合要求"？这是典型的"寅吃卯粮",跟公司对收入真实性的要求是相违背的。

在同一地区部,随着合同订货造假和收入验收支撑材料造假等问题陆续被发现。在2017年的市场大会中,此地区部总裁上台检讨发言,第一句话就是:"都怪我平时对大家要求过高,KPI压力过大,导致大家动作都变形了……"管理层带领团队努力去达成目标是值得肯定的,但切忌急功近利。

变革先锋与亏损大户

同一时期,G代表处刚得到全球优秀管理变革试点国家的奖项,收入规模也达到10亿美元,成为超大型代表处。但这些光环,似乎对新上任的代表及交付副代表并没有带来多少笑容。

通过打分审计和原部长的离任审计项目进一步了解到,原来是因为前期签下的管理服务项目,导致了整个代表处的交付延迟及罚款,面临项目利润预计亏损1亿美元的巨大压力和挑战。此项目属于公司特级项目,涉及代表处、大T、地区部以及机关运营商BG的多次讨论及决策。我们回溯了项目的投标、合同评审及商务决策等关键过程。其过程的复杂程度,超出了之前所遇到过的项目。最终梳理下来,根因在于交付关键条款的超标承诺和假设少算成本,以及在商务测算时破天荒地将G代表处在此客户群其他产品线未来预计可获取的订单总量,与此管理服务项目报价加赠送的Voucher(现金优惠券)进行捆绑测算，以分摊优惠折扣满足商务授权，使这个合同"策略性"地通过了运营商 BG 合同日常决策小组的评审，客户对捆绑测算并不知情。所以后续其他产品的重新下单和合同签订时，客户同样要求提供对应的商务优惠 Voucher，造成整个代表处实际的利润面临 1 亿美元亏损的困境。在此审计项目过程中，项目组经过与前/后任代表、副代表、地区部总裁和 BG 合同商务部长等岗位领导轮番沟通。审计组对此"创新"的商务测算模式如何定位和披露进行了深入探讨和研究，最后以最严谨、客观的方式在报告中进行了披露。

在审计报告披露后，以审计的发现为依据及基础，公司发起对 G 国管理服务项目的管理问责追溯，对涉及的相关管理者进行了问责，多名地区部总裁及代表、副代表被降级，并按照调级调薪的联动要求进行薪酬调整。内审连续两三年，统一策划每年初针对收入真实性的专项审计，以及针对"站点存货账实一致"等专项审计，提升各级经营财务数据的质量。

在 2017 年年底的市场大会上，针对新阶段的新型"讲故事"，G 代表处原部长上台进行了检讨，任总主动作为第一责任人，自愿罚款×百万元，轮值 CEO 以及涉及的地区部总裁、G 代表处原部长也积极承担了相应的责任，在全公司范围内对反造假、反腐败树立了非常清晰而坚定的导向。

铁的队伍

内审组织常驻区域，抵近一线已经超过 13 年，目前有超过 100 人的区域审计队伍。过去的两三年里，外部环境、内部组织都发生了翻天覆地的变化，这么多年，无论怎么变化，一直不变的是我们那颗追求事实、追求客观的心。想起任总在内审变革项目中给我们的那句评价和期望："加上你们的坚持原则，这样你们就形成了一批科学、懂业务、实事求是的、铁的专家队伍，这样就能站在公司生存和发展的最高利益上发挥更大作用。"我们这支铁的队伍，一定不辱使命，联合第一道和第二道防线，为公司的健康发展保驾护航，"多打粮食"。

因为热爱，所以选择

余才盛　廖湘琴　王　涵　王少石

追逐梦想的光

过完这个冬天，我在华为内审的职业生涯即将进入第 17 个年头。回首来时路，连自己也未曾想到，我会从一个审计的门外汉，一路走来，在内审的道路上坚持这么久。

我是 2006 年春节后社招加入华为的。当时的心情非常忐忑：因为非审计科班出身，我能适应华为的企业文化、做好华为内审的工作吗？两个星期激情澎湃的大队培训，那种热情似火的氛围一下子就点燃了我，我坚信这就是我要服务的企业。

在项目财经部实习半年后，我正式进入内审部，却陷入了迷茫。与以往财务工作那种按部就班工作相比，内部审计则需要在短时间内了解业务、分析风险、发现问题，而与成熟审计员相比，我对业务的理解太肤浅了，所以总是在审计项目快要结束了，还发现不了真正的风险。怎么办？只能更加积极地去学习，于是我开始改变被动等待工作任务的做法，主动加班加点学习和储备工程交付、采购到付款等公司的主流业务和流程。只要付出就会有收获，我很快获得了担任专利代理费审计项目经理的机会。因为提前学习了专利代理和行政采购付款的流程，我较快就发现了对供应商大额预付款长期挂账等资金安全风险问题，获得了业务部门的认可，督促业务进行了改进。就这样我在懵懂中摸索，踏进了审计的大门。从此以后，iLearning（华为员工在线学习平台）也就成为我提前学习、储备业务知识的最佳场所。

2008年11月，我和小伙伴还在非洲某代表处为最后的审计闭工会准备时，收到反馈外派意愿的邮件。根据公司规划，审计部需要向海外地区部派驻审计人员了，这是贯彻公司"监管前移"迈出的重大一步。我没有丝毫犹豫，马上就回复邮件报了名，这正是"开眼看世界"的大好机会！

2009年年初，海外旅程正式开启。落地后，我们迅速启动A代表处的打分审计项目。当时正是春寒料峭的时节，每天清晨从虽然老旧却也温馨的宿舍出发，穿过白雪皑皑的乡间小路到食堂吃一顿可口的早餐，再到温暖的办公室，我们开始一天忙碌的工作。每天三点一线，简单却很充实，大家都干劲十足，因为这是审计落地区域的第一年，一定要开个好头。没想到的是，审计项目的"头彩"就产生在大家每天的吃和住当中。

在一次检查行政租房合同的文件夹时，偶然看到一张行政人员收取住宿租金的收据，我敏锐觉察到这可能是一个舞弊信号。这也意味着我们的工作更重了，除了打分审计的工作要正常推进外，我们还要沿着线索去挖掘更多的信息。迅速通过与财务同事及行政主管的核对，我们很快得出判断，宿舍管理员涉嫌私自把公司宿舍租给外部人员，侵占了收取的租金；继续深挖后又发现了宿舍租赁中收取回扣以及食堂业务的关联舞弊。汇报、决策、呼唤机关资源，一连串忙碌后，主管老徐却病倒了，我毫不迟疑带着审计组顶在最前面。在那个异常清冷的早晨，下着大雨，我和小伙伴蹚过路上的积水，匆忙赶到办公室去准备与当事人沟通，因为雨太大，鞋都湿透了，又冷又黏，真是难受极了。好在有机关专家亲临现场支持和地区部主管的大力支持，项目最终取得了圆满成功，获得了内审领导和地区部领导的认可。

有人说，审计工作是枯燥乏味的，但我却认为审计工作是有趣的。这种乐趣体现在查清事实的过程中，一步步探索，从未知走向已知。这不是一项按部就班、重复枯燥的工作，而是一项需要格局、视野和专业素养的工作。从事具体内部审计工作，给了我"一个跳出业务看业务"的视角，通过近距离平视甚至一定高度俯瞰企业运作实践，发现并预警企业运营中存在的风险，为企业运营提供有价值的改进方向。

2012年，公司领导在多次讲话发文中提出了项目要"正利润，正现金流"的要求。当时西欧地区部正面临大项目多但盈利不佳的境况。为了找到问题根源并有效推动改进，由我担任项目群经理，带领审计小组对西欧地区的单个项目均过亿欧元的6个大项目进行审计。但这种类型的审计项目之前从来没有开展过，没有经验可循。经过反复讨论，我们定下了"不评价业务决策正确与否，只评价关键环节决策流程遵从和决策支撑信息充分性"的原则，制定了从财务结果出发，拉通财务核算、业务概算和项目预算，拉通售前投标、合同决策和售后交付采购过程，看各个环节决策流程合规以及支撑决策信息的准确性的审计思路。

夏天的西欧草长莺飞，舒适宜人。我和审计组的小伙伴们可没有闲暇享受这些，我们正聚焦在解剖清楚这6个大项目的盈利情况上：从机会点获取到一份份答标书；从一次次的报价测算到合同条款评审；从一个个工程条目的分包商选择到交付环节的分包和验收；从项目预算到项目核算。审计小组通过统一思路，端到端拉通，仔细分析影响项目盈利水平的因素。为了对齐6个项目的整体审计质量，周末召开的电话评审会议往往从北京时间早9点开到晚上10点，最开心的时候是去站点查站，那是难得的野外"放风"时间。

艰苦的付出终有回报，最终通过6份大项目盈利情况审计报告，我们揭示了当时在大项目售前阶段决策流程和决策信息上存在的问题，以及售后交付阶段合同变更管理、分包交付环节存在的问题，促进了代表处和项目组在交付阶段通过降成本、获取变更PO等方式提升项目盈利能力。这次大项目盈利性审计工作，让我明白了审计工作的根本价值要对准公司的价值导向，促进业务多产粮。只有真正体现审计价值，才会赢得业务部门的认可。

因为热爱，所以选择

2014年年初我奉调回国加入内审调查部，更加直接地站在反腐第一线上。

有人说反腐调查工作要有"啄木鸟精神"：洞察秋毫、舌到害除的过硬本领；发现问题、解决问题的求是境界；扎实勤恳、精准深刻的工作作风；坚持原则、忠诚奉献的敬业态度。在从事调查工作的9年里，我多少次面临"山重水复疑无路"的情境，但正是依托公司坚决反腐的政策和决心，依靠一、二层防线同事的支持与合作，依靠内审同事坚忍的作风、灵活的手段，才达到"柳暗花明又一村"的境地。

回首来时路，阔步新征程。从一个审计门外汉，到审计局中人，再到反腐小能手，伴随着公司的发展，我也一步步成长，而这个成长的过程就是主动学习的过程、在实践中寻找乐趣的过程、在奋斗中奉献价值的过程。

（余才盛，2006年加入华为）

心在一艺，其艺必工；心在一职，其职必举

在我12年的华为内审部职业生涯里，"板凳要坐十年冷，干一行、爱一行、专一行、精一行"一直指引着我不断前行和成长。在我看来，审计是个细致、需要深钻的专业工作，要有一种"傻劲"和一种韧劲。

记得2013年，我作为项目经理审计H代表处。此前部门提出了"看大账"的方法论，我便将其应用在这次审计中，在风险分析中融入财务报表分析的元素。我采取了从地区部到代

表处再到项目中，层层剥洋葱解析的方式进行分析。

刚开始，项目组分析发现 H 代表处的订货、收入、回款、销售毛利率、贡献毛利率和净利润等指标在地区部内排名靠前，特别利润指标更是鹤立鸡群。乍一看，这个代表处似乎没有什么大问题，可这样的利润指标激起了我的风险意识，反而觉得高利润容易掩盖浪费和高成本。

H 代表处主要做 Turnkey 项目，紧接着我拿来分项目的概算、预算和核算报表进行比较，逐一分析其中的差异，发现项目成本的概算和预算差异比较大，预算也变更过多次。我进一步针对项目整理变更的内容和原因，列出了一份疑问清单，和项目组成员坚持把上下游业务链的相关利益干系人都访谈一遍。访谈对审计来说是很重要的信息源，可以从中得到关键信息和验证。

从采购 CEG、交付项目经理、站点工程师、系统部客户经理、终端客户经理和供应链经理这几个角色的访谈情况来看，大家反馈的内容和原因大致相同，也未见明显矛盾的地方。忙完了一天的测试后，项目组晚上例行抽出半小时回顾当天的审计发现和项目进展。大量的访谈工作和测试分析量已经把我们整得比较疲惫了，还剩产品经理和财务没有访谈，我们咬咬牙，继续坚持访谈。当和产品经理访谈时，我发现他的反馈和我们对 CEG 访谈的内容如出一辙，立马意识到产品经理就是我要找的突破口。凭着"打破砂锅问到底"的韧劲一直追问下去，终于找到了自相矛盾的点，验证了我之前对风险的判断。

我及时把分析出的各项差异以及风险信号跟 H 代表处代表

进行沟通。代表很快便意识到了问题的严重性和管理上的缺失，立刻从行动上带头支持审计工作，主动协助审计组将变更增加终端的前因后果逐一进行梳理，并提请审计组同步关注站点物料和采购。有了代表的支持，大家也纷纷开始理解和支持我们的工作，结合现场测试，我们果然发现解决方案胡乱变更、加塞终端高变现物料、大量站点物料丢失无人管理、采购的物料比市场价格高等内部流程遵从问题，这些问题造成了上千万美元的浪费。

地区部其他代表处也存在同类型的 Turnkey 项目，于是我和主管找到地区部去沟通 H 代表处的相关审计发现。众多不必要的成本增加，立马引起了地区部的重视，由地区部总裁牵头负责相关流程和业务的改进，确保"发现一个问题、预防和改进一类问题"，撬动地区部内整体 Turnkey 项目的问题梳理、自我改进和风险预防。在我们次年审计该地区部其他代表处时，同类问题鲜有发生。

在一次次的审计项目中，我们的方法和程序也日渐成熟。2016 年审计 G 代表处时，我们运用部门常规 PDRA（流程设计风险评估）方法进行风险识别，分析包括代表处整体业务和内外部环境、流程控制、具体数据三大块内容。

我们通过分析发现，G 代表处的软件项目，是一个自我管理的小循环业务，管理层对其关注不多，其交付人员在当地长期未流动且与供应商关系密切。软件考勤由供应商自行管理，验收流程采取与客户"背靠背"验收的方式（指客户对华为验收了多少人力和工时，华为即对合作方验收多少人力和工时）。

验收穿行测试（指按照业务流程从头至尾进行测试，追踪交易的处理过程）中发现几名合作员工在不同PO的同一期间重叠出现，鉴于此，我意识到不能采取风险抽样的测试策略——这是一块需要全测的业务，不管测试量有多大，只有多下点功夫才能将问题查得更彻底。

累归累，但是方法有效。当我们将两年的全部PO及几千行验收明细统一录入一张表中进行分析后，很快便发现了无PO入场、同一合作人员在不同的PO中重复验收、同一合作人员存在PO断档等问题。

我开始沟通问题，从交付项目经理到软件项目主管，再到副代表、代表、地区部主管。但是软件小循环管理圈一直以与客户"背靠背"验收为理由来解释风险低。我静下心来，决定从合作方入手。

于是我开始找供应商提供合作员工的刷卡记录。供应商和华为项目经理将"早已准备好"的刷卡记录发给我，此时的我并不知情，拿着刷卡记录与PO验收人员、验收期间一一核对。全部核对完后没有发现大的出入，这下把我整蒙了！此时已经快深夜1点了，我需要换换脑子。

冥思苦想，走在回酒店的路上，初春的深夜还是寒冷的，我猛地打了一个激灵，立马想到刷卡记录会不会有问题？我顿时神清气爽，迫不及待地回到酒店继续分析数据，居然发现有一部分记录异常一致。次日，我找供应商和项目经理了解原因，他们给出的理由是有些员工住在宿舍，一起上下班。我准备继续查看宿舍的租赁合同，但其实并没有合同来支撑他们前面的答复。他们此时才不得不承认这些数据里有一大部分是他们虚构的。

鉴于上次沟通的效果不佳，我调整了与代表处管理层的沟通策略，每发现一类问题就及时跟代表处管理层沟通，讨论问题所在以及面临的风险。我们在讨论中也一起逐步加深了对这块业务的了解及里面隐藏的问题和重大风险。

既然是"背靠背"验收，需求应该来自客户，我把上百单PO的客户需求文件拿来检查，核实客户需求的真实性。分析比较了所有文件后，我发现一份需求扫描件存在异常，于是找到管理层沟通讨论。讨论后代表亲自监督回溯该问题，原来是因为部分PO出现断档，项目经理便自己PS了客户需求来给供应商补下PO。

同时，我还专门去找HR教我如何识别合作方员工简历的真假。通过HR的协助，我发现了一些有问题的简历。代表处积极主动地组织员工自检和自我暴露问题，地区部则从管控机制、流程上进行改进，确保在地区部层面"发现一个问题，解决一类问题"。我们后续审计地区部下辖其他代表处时，已几乎没有同类问题新增。

我也开始总结检查方法，输出外包业务审计程序，为其他审计组提供方法指引。业务部门也找我拿该程序作为参考，用于自检。

一心一意钻研一门技艺，则这门技艺必定巧夺天工；一心一意从事自己的工作，那么你从事的工作，必然取得成功。

（廖湘琴，2010年加入华为）

执着担当，于逆境见柔韧

2022年结束之际，我加入华为已整整7年。在我来华为面试的时候，面试官问我，来到华为需要全世界出差，可能还要常驻海外，你愿意吗？我当时一听就乐了，这不正是我想来华为的原因嘛。我们总给自己找借口说工作太忙碌，没时间看世界，现在有这么一份边工作边看世界的机会，我怎能不乐意？带着这样的心态，我开始了华为内审人环球之旅。

我记得很清楚，一进部门，在各种正式场合或是私下聊天沟通的过程中，新员工被宣传最多的就是在华为做审计必须懂业务，不懂业务的员工不会是合格的内审人。然而作为一个从外审转身的内审人，我甚至连最基础的通信知识都不了解。我经常焦虑地想，我不会一进来就面临被淘汰吧？还记得给我分配的第一个项目后不久是我的生日，因为当时刚进入这个新环境，又什么都不懂，情绪一直比较压抑，而早就定下的生日聚会又因为一些原因取消了，于是那天我一个人在办公室研读项目材料到晚上10点，临回家之前还一个人躲在厕所里抹了一把年华逝去不甘不愿的泪。

经过一段时间的焦虑和惶恐之后，我终于意识到，光焦虑并不能解决问题，我要利用华为这个平台在海外闯荡一番的愿望还没实现呢，怎么能遇到个石头挡路就打退堂鼓呢？！在这种心态的驱使下，我开始利用业余时间研读公司流程文件，再对比审计的风险点，去理解为什么审计要关注这些风险，最后再研究案例，搞清楚历史上这些风险给公司造成的实际影响，一步步去理解业务风险控制背后的底层逻辑，遇到不懂的，就拉着资深的同事请教。功夫不负有心人。在我的第一个项目中，我揭示了近千万美元的采购信息披露不真实，又在其他项目中发现了大额订货虚增等问题。就这样，我在磕磕绊绊中完成了从外审到内审的转身。

在加入公司一年后，我期盼已久的外派机会终于来了。由于曾经在英国留过学，所以并不向往繁华的欧洲，或是与中国有着差不多文化背景的亚太，我向往的是未知的世界，是离我们最远的魔幻之地美洲大陆，是辽阔的非洲草原。那些闻者摇头的远方，才是我心向往之的地方。于是，在2017年2月，我如愿降落在了有着"拉丁美洲小香港"之称的巴拿马，开始了我的外派生涯。

就在我憧憬外派的美好生活、满怀兴奋与好奇开始第一个项目的外勤时，我就被所在国家的几个小孩子用实际行动"教育"了一顿。那是个治安不太好的国家，我和同事们在办公楼外围散步，走着走着，我一个人落在了其他同事的后面。就在这时，远处两个捧着花的小孩子走了过来，用我听不懂的语言一直跟我说着什么。我猜他们是想让我买花。我一边拒绝，一边被他们挤到了墙边。为了摆脱他们，我把手机放到了外套口袋，腾出手做出拒绝的手势。就在这个时候，不远处一个男孩子开始冲过来，从我身边擦身跑过。等男孩跑远后，两个卖花的小孩终于"放了"我，散去了。我赶紧加快脚步追上小伙伴，一边跟他们描述我刚才的"遭遇"，一边伸手摸我的手机，结果发现已经没了。我这才意识到，刚刚是被几个小孩子给联手

"欺负"了。我既无奈又觉得好笑，但这丝毫没有打消我想探索这片土地的热情。

初来拉丁美洲的第一个项目是我从来没有涉猎过的交付业务，我陷入了"不懂业务"的苦恼。但不懂又怎样，学呗！于是我抓住机会向项目经理和同事请教。我到现在依然很感谢当时的项目经理，他经常放弃休息时间来教我、辅导我。记得项目初始，我与业务探讨问题都是小心翼翼的，生怕他们看出来我不熟悉交付。针对他们给我的答复，由于无法当场辨别他们说的是否合理，我就不置可否照单全收，然后回去"恶补"交付知识，再从不同的角度去提出问题，去理解业务实质。有一个交付的同事，经常跟我一起在办公室核对业务和数据到半夜。我知道，他们也很忙，白天在外跑业务，晚上还来跟我交流，让我很是感动。在这样友好的环境下我不仅通过项目学习了交付业务，摆脱了跟业务部门沟通时的忐忑，也深深感觉到了审计与业务之间的信任和相互支持是多么重要。

在部门的安排下，我开始涉猎终端业务的审计，这对于我来说又是一次从"零"开始。不过这一次，我已经彻底不担心了，只要抱着开放心态，勤学、好问、肯思考、肯钻研，再加上周围强大的团队支持，还有什么学不会的呢。接触终端业务第一个让我记忆深刻的是2017年的一次审计，我负责的那块业务从前期风险分析来看，没有发现明显的风险信号，我抱着在测试中学习和深入了解业务也是收获的心态开始了测试。在枯燥地检查了上百份文档之后，突然在一份普通文档中发现了一个小异常，面对这样容易被放过的异常，我怀着职业审慎的态度追问下去，最终发现这背后居然是数百万美元的不当承诺。经过审计这个项目我也认识到，对于审计人员来说，审慎客观是基本素质，但想要把这份工作做好，还需要时刻保持风险敏感度，细心求证，大胆沟通。

2018年，我开始承担项目经理角色，从仅关注单一模块的风险到关注项目整体风险和质量的把控。为了更快熟悉整个地区部业务的情况，每做一个项目，我都会跟当地业务人员进行深入沟通，了解他们的业务模式和风险。记得有一次跟一位业务同事在聊天的过程中，她提及一个业务现状，我立马说："这个业务现状是不是由于××原因导致的？"她听完瞪大眼睛惊讶地说："哇，你真是太了解业务了！"她对于我"懂业务"的认可，终于让我释怀了，放下了自己多年深藏于心的关于"不懂业务"的心结，真切体会到了作为一名审计人员的成就感。

2017年至今，我经历了从一开始的不懂业务，到在流程框架中看问题，再到跳出流程框架的限制，系统性地看待业务风险，深入理解业务逻辑，做到敢于且善于坚持原则的今天，这期间也遇到了各种各样的困难，包括新冠疫情席卷全球对业务、对审计工作以及对海外生活带来的巨大影响。但是在海外几年间养成的遇事莫慌、摆正心态的习惯，最终还是让我顶住了压力。

在做X国终端促销人力项目审计的时候正处于疫情的暴发期，而这个项目中我们最重要的策略就是走访当地的手机大卖场，那里也正是人流量极其密集的地方。当走在那些手机大卖场时，我们真的是心惊胆战、头皮发麻，当地虽然疫情严重，但是在人潮汹涌、空气不流通的大卖场中，很多人居然连口罩都不戴地自由流动，安全距离根本不存在。但业务不停，审计当然更不能畏缩。于是我们在做好安全措施的情况下，一家家门店挨个儿走访，锲而不舍地找促销员、店主获取信息，终于挖掘到某促销团队破坏市场行为的一些线索。在数天走访数十家门店之后，在与一名促销员聊天中，我利用自学的半吊子西班牙语找到了突破口，于是我们迅速深挖，最终在两周内发现了当地促销团队的舞弊事件，也揭示出这些事件对于华为品牌形象的影响，为业务改进提供了方向。

　　四年的外派生涯有苦闷、有压抑，但体会更多的是大家相濡以沫的深厚情谊。2020年3月开始，项目组被困在Y国长达半年之久，在这半年中我们受禁足令限制，绝大部分时间无法出门、无人倾诉。那时候，我感觉自己就像一片随风飘飞的叶子，孤零零地在寂静的远方摇曳，也不知道会坠向何处。但在公司这个大舞台上，终究是会有那样一根线，把你牢牢地牵住，让你感到安全、心有所依，可以放心逐远。来自机关和代表处的关怀，传递着光和热，把我们变成一颗颗闪着光、幸福的小星星——业务部门的同事亲自送食物上门，部门主管/HR的电话关怀与问候……这些暖心的行动驱散了暗夜的孤独和苦闷，让人感受到深深的温暖。来自业务的关怀也让我深刻体会到，业务和审计从来都不是对立面，大家都怀着共同的目标：业务健康发展。或许正是这漫天星光的照耀，华为这艘巨型航母才得以在漆黑的夜空下继续航行，向着不远处终将到来的黎明进发。

（王涵，2015年加入华为）

一次机缘巧合的转身

2016年年底的一天,代表突然召我去办公室谈话:"公司正在从全球选派业务骨干到审计去训战,你有丰富的业务经验,再经过监管的训战,未来会承担更重要的岗位。"这个消息太突然了。经过半年的回谈,我们上周刚刚和客户将合同条款由验收款优化为到货款,代表处最担心的经营隐患得以控制,几千万美元的风险敞口将逐渐减少。

"审计要做什么?"我的职业规划目标是国家代表,从未考虑做审计,这突如其来的变化让我始料未及。

后面才了解,公司要开展干部任期审计,从各区域选派副代表/系统部部长参与。得知这个消息,同事们开玩笑道:"这是御史,监察百官,可比代表权力'大'。"

经过内审总裁的面试,我才了解审计将有机会以公司的视角理解治理、风险和内部控制,有机会让自己十多年业务经验得到进一步提炼和升华。

"要在审计训战多久?"我问道。

"至少两年。"

"我服从公司安排。"最终,我决定加入内审部。

在那年的公司市场大会上,我带领的系统部荣获全球优秀系统部金牌奖章。现在回头看来,那可能是我在业务领域的最后一枚奖章。

2017年的寒冬,我出差来到德国杜塞尔多夫市。审计项目启动会上,居中一人,身材瘦削,笔挺的呢子大衣、金质边框眼镜，一双小而深邃的眼睛，他就是德国审计项目的项目经理，名字就叫万能。

"你对销售最熟悉，你来负责审销售吧。"万能安排任务，"一周之后风险分析汇报，大家有什么问题随时沟通。"

散会后，项目组成员们轻车熟路埋头开干。做过无数个销售项目的我，竟然不知道如何下手。项目组成员雯雯看到我一筹莫展，主动走过来说："先导出代表处的销售项目清单。"她对着电脑边操作边解说，帮我导出项目清单。但很快我又遇到新的挑战：项目清单中有100多个项目，怎么分析？

"穿行测试！选个项目从头到尾看看流程管控情况。"万能建议。

经过初步分析，V客户的FLM项目和T客户的两网融合项目规模较大。"管理服务"这四个字很快吸引了我的眼球。近年来，管理服务项目普遍盈利较差，于是我锁定V客户的F项目。

项目的评审决策材料电子版有1G大小，我一连数天翻看海量的材料。突然，一个数字引起了我的注意——项目的概算毛利8%，直觉告诉我这个数字有点蹊跷，于是我拿着标书和概算表核对起来。在标书中给客户提供了×××万美元的优惠券，但为何概算表中没有这一项？我把这个情况反馈给万能，他立即组织和代表处沟通。最终发现×××万美元优惠券在概算中未被录入，如果计提，则毛利降为–12%，不能满足公司对这个项目营利性的要求。

2017年，陆续有几个管理服务、BES（商业使能系统）、平安城市项目被发现假设激进、风险未识别而导致概算和预算偏差、项目巨额亏损。2018年的市场大会上，公司针对多个亏损项目专门设立了"烧不死的鸟是凤凰"的自我批判环节。这类问题的被披露促进了公司经营管理的改进提升。

第一个审计项目就成功，并没有让我觉得审计有多简单，相反使我对审计工作充满了敬畏，如何分析、如何抽样测试、如何对风险进行判断、怎么从海量的数据中发现异常并不简单。

随着参与的审计项目增多，从项目成员转变为项目经理，可能是我的业务敏感性和对审计工作孜孜不倦的钻研，几乎每个负责项目我都能出色完成。伴随工作中越来越多的肯定，膨胀的不是我的自信，而是我对审计工作专业性的渴望。于是在工作之余，我开始阅读一些审计理论/专业的书。

当时内审部并没有把CIA（国际注册内部审计师）作为任职的要求，但求知欲促使我报名参加CIA的认证。考试虽然大多是理论知识，但却帮我系统梳理审计理论框架，对审计工作起到事半功倍的效果。我用了两年时间，认证通过了CIA的全部课程，正式成为一名"审计师"。

伴随审计理论知识学习的同时，我也不断在项目中提升专业能力。

X项目中，通过数据分析，我很快识别出"渠道跟人走"的风险。分析发现，X行业的渠道比较集中，而且最近份额变化大。B是老渠道，从代表处建立EBG（企业BG）业务就开始合作，但最近一年份额下降明显。C是2017年刚刚引入的新渠道，不到半年已经升级为金牌，份额提升最快。分析发现，客户经理和渠道C"高度绑定"。

在对 B 渠道访谈中，老板暗示自己做的项目却被客户经理分给渠道 C。我把事先准备好的项目清单拿出来，B 渠道老板一眼就指出渠道 C "中标"的几个项目实际还在招标中，并提到客户经理和渠道 C 的老板是同学。

按照公司收入规则，项目中标后发货才能被确认收入。我们仔细核对后发现渠道 C 的几个项目真实性材料中使用虚假合同。当项目组把假合同摆在客户经理面前时，他似乎早有准备："这些合同都是渠道提供的，我也没法辨别合同真假。"

"这些项目还在招标中，你怎么会不知道？"我反问道。

"都是渠道打单，很多情况都是渠道反馈的，我也不清楚啊，我跟渠道也没什么关系。我申请公司来查我，还我清白！"客户经理一脸"无辜"的表情。

项目组很快就摸清楚客户经理在公司系统中将户籍进行修改，规避公司的属地化政策，对比渠道 C 老板的身份发现，两人竟然是同一个省同一个市同一个街道的。

部门后来查实了这名客户经理的舞弊事实：×××，任政企客户经理期间，收受多家经销商日常打点××万元，帮助经销商在某项目中获得授权函并中标，收受好处费××万元。

经过两年的审计训战，我成功转身，还获评公司的金牌员工，但我内心深处始终觉得有一天还会回到业务。眼看两年时间到了，原地区部的领导也换了，审计也没有安排我回业务，我主动找领导沟通。

"我觉得你更适合审计，可以为公司发挥更大的价值。"领导微笑着对我说。

"这两年你在任期审计做得不错，部门准备安排你去海外担任审计组长负责区域的审计工作，对审计专业性要求更高，也考验你带团队的能力。"HR部长和我沟通。

"我服从公司安排。"和第一次来审计时的回答一样。

由于新冠疫情原因，在海外近三年很多项目我都无法出差。2021年9月，终于有机会出差了。项目组三个人都是第一次去南半球的A国，但要在一个半月内完成两个项目，几乎是不可能完成的任务。

为了提升效率，在项目组入场前BO已将A国业务通过大数据分析，识别到转包的风险。项目组入场后，立即开展访谈，在与本地员工访谈时，对方的回答也证实了我们的猜测。

"这几年我们有大量FTTx（光纤接入）项目，准入门槛低，交付以中小供应商为主。分包商资源不足的情况下会去二次分包。"与采购主管访谈了解到，代表处刚给地区部做过供应商转包的汇报。当查看汇报材料后，我发现基本上不包括主流供应商，直觉告诉我该汇报材料应该不是真相的全部。

A国劳工保护严格，在一次访谈中，本地员工给我们展示了在当地网站上可以查询项目的劳工信息。同事小光敏锐察觉到从这个平台上可以查交付项目下的工程师和其所属的供应商信息。经过对比公司分包的供应商和实际参与项目交付的供应商，一张供应商转包的全景图映入眼帘，几乎涉及所有的主流供应商。如此多的供应商可能涉及二次分包，这远远超出了项目组的预期。

我们立即制定供应商访谈策略，选择了最偏远的区域作为访谈地。我们白天访谈供应商，晚上讨论第二天访谈策略，虽然累，但每天都有使不完的劲儿。说来也巧，有一天，当结束工作拖着疲惫的身躯回到酒店，我们才知道当天是小光的生日。我立即和酒店沟通，酒店没有生日蛋糕，我们用西餐甜点做蛋糕。虽然没有蜡烛，但那顿晚餐大家吃得都非常开心。

经过不懈的努力，我们发现区域二次分包问题。因为地区偏远，华为给供应商提供更高的分包价格，但主流供应商却大多选择转包给当地的小供应商，分包的利润/差价高达60%。2021年在多个国家发现违规转包/分包的问题后，2022年年初公司重新修订"禁止转包"的相关规则，这是后话。

终于到了要离开的时候，来的时候还是冬季，走的时候已是A国最美的季节——蓝花楹花已经绽放枝头。项目组的团队精神迸发出巨大的能量，将Mission impossible（不可能完成的任务）变成了Make it possible（成为可能）。

一转眼来审计已经快六年了，从项目成员、项目经理、区域组长到领域专家，我每次转身都是不断走出舒适区、不断挑战自我极限的过程。面向未来，内审需要不断变革，以满足公司授权前移和不断发展的业务。

（王少石，2006年加入华为）

惟变所出，万变不从
——建设"以多产粮食为中心"的内审变革记

周树平　赖柳娟

渐进优化，还是变革？

自 2007 年开始学习 IBM 实践以来，内审的发展走上了快车道，一方面在公司全面开展打分审计，触角从机关业务流程逐步延伸到海外业务单元，不断通过发现问题，来推动各业务的内控和流程的改进；另一方面则不断加大了对经济类舞弊行为的查处，建立起了冷威慑系统，有效地遏制了舞弊的蔓延。截至 2017 年，公司大部分业务领域和子公司内控成熟度均达到"基本满意"，大家戏称进入"后 2 分时代"。

而恰恰在这十年间，公司业务规模也从百亿美元快速发展到近千亿美元，逐步进入了多产业多元化发展的时代，营收体量、结构和分布也发生巨大变化。虽然运营商业务仍然是公司赖以生存的根基，但随着企业、消费者和云计算等业务的不断增长，公司客户不再单一，商业模式也越来越多样。为了不断适应这些变化，公司原有的流程体系也在发生改变，比如从服务传统运营商业务的 LTC 流程，逐步衍生出适配渠道、消费者业务的一系列流程。与此同时，海外业务也遇到了大发展时期，截至 2017 年，公司业务覆盖了海外几乎所有国家，而为了能"让听得见炮声的来呼唤战火"，一些业务决策权力也不断向下授权。

那些年，为了适应业务的不断变化，内审也没有停下自己的步伐。

2012 年，内审部成立英国内审中心（COE），不断引入新的思想和理念。2013 年，内审部向公司引入了 IIA（国际内审协会）刚刚发布的三层防线，在公司开始全面推行。自 2015 年起，通过构建面向业务领域专业化运作，以及审计方法标准化建设等，不断提升审计的效率与质量。

然而，这些优化似乎并没有达到公司管理层的期望。还记得 2016 年，围绕内审的讨论逐渐增多，任总在监管体系的座谈会上首先提出了"要从成功走向科学化，改进方法、提升能力"的要求。随后轮值 CEO 徐直军也专门召集了与内审主管和专家的座谈，提出了"进一步厘清自身定位，体现公司管理意志和业务发展诉求"的要求。

很显然，我们不能在原有延长线上通过开展渐进式的优化来解决问题。在时任审计委员会主任梁华的支持下，内审部决定进行一次全面深入的"内审变革"。

冷威慑，还是"多产粮"？

2017年秋天，内审2.0变革正式拉开帷幕。

开始还有个小插曲。内审部当时管理层经过讨论，一致同意将"建设以冷威慑为中心的内部审计变革项目"的立项申请提交给任总。等了好多天，内审部收到了任总的批示，他将内审2.0变革的项目名称改成"建设'以多产粮食为中心'的内部审计变革项目"。

为什么是"以多产粮食为中心"呢？我们不是一直都坚持建设一个冷威慑系统吗？

2017年10月16日一大早，变革项目经理接到了电话通知："任总要请我们喝咖啡，和我们聊聊内审变革。"

我们立刻动身前往。当我们到达时，任总已经在咖啡厅坐着等我们了。他招呼我们坐下，非常随和地和我们聊天。

> 这些年公司发展这么快，组织规模这么大，但腐败这么少，也没出现过大的系统性风险，这得益于我们在管理和控制领域做出的努力，内审发挥了重要作用。公司未来是从"一棵大树"到"一片森林"的改变，业务量变多，管理的困难增加，权力又在向一线前移的过程中，对监管提出了新的更高要求，这次变革就是要系统地构建支撑公司未来发展的内审独特价值……内审要成为公司价值的守

护者，信任文化的建设者。内审作为中央集权的垂直监督力量，实现有效监督，守护公司价值……公司未来的运作模式是在共同价值守护、共同平台支撑下的各业务/区域差异化运作。我们向下授权不是分权，授出去的是决策权，保留下来的是监督权。中央平台要对授予的权力展开有效监督，内审作为最后一道防线，要站在公司的最高利益上承担责任，成为公司长期价值不可或缺的守护者，也要对关爱员工承担责任。现在公司的规则、制度和相应的监管都已经初步建成，要建立基于信任的管理和授权，综合管理成本才能最低。内审在推进公司规则、制度完善的同时，也要为这一转变发挥作用，成为重要的建设者。

任总接着谈到他对内审如何"支撑多产粮食"的理解。

我们加大对一线的授权，正在几个国家试点，合同在代表处审结，同时管理公开化、可视化，这些都是为了简化管理。监管的目的也是在内部遵从、外部合规的条件下多产粮，审计应该背上背包、拿上铁锹、跟着上战场，在战壕里，他做他的订单，你做你的价值评价体系……最终让大家做正确的事，正确地做事，聚焦多产粮。

变革组从任总这杯"咖啡"中吸收了满满的能量，给变革的方向定下基调。整个变革团队也一扫之前的迷茫，对变革的未来充满信心。变革组召开了开工会，顾问公司PWC（普华永道）

也派出了强大的顾问团队，调用英国和大中华区多个资深合伙人参与项目，同时内审部也从其他二级部门抽调 12 名审计骨干加入变革组，以最强的资源支撑变革，也为未来变革的推行培养"金种子"。

内外求索，畅想变革蓝图

这次内审的变革，要在公司未来愿景中，找到内审支撑公司长期稳定发展的价值支点，明确内审扮演什么角色、发挥什么独特价值、如何构筑自身能力。公司未来业务与组织变革的方向是内审变革的重要驱动力，首先要瞄准未来业务与风险的变化；其次是要理解公司高层管理者对审计变革的期望和诉求，瞄准审计对关键利益关系人带来的价值；最后一定要内外结合，内审方法论的改变是此次变革的核心。既要向外看，洞悉业界变化趋势，借鉴业界优秀实践，也要理解公司对内审的要求，两者结合形成适合华为内审的理念与方案。

时任审计委员会主任梁华，也是变革的 Sponsor（赞助人），在与项目组讨论项目愿景规划时如此强调。

此后，在顾问的带领下，项目组兵分两路：一方面系统地开展现状分析，广泛收集高层管理者的期望和要求；另一方面也不断"走出去"，吸收业界的优秀理念和思想，研究业界优秀企业的实践。也正是这次调研和学习，我们真正系统地理解了管理层对审计部门的期望，也看到了自身与业界优秀企业的差距。

2017年12月，内审总裁带领几名变革组人员飞往芝加哥，在K公司进行为期三天的交流学习。接待我们的是K公司集团合规及审计主管，他专程从总部飞到芝加哥子公司，与我们进行交流。

芝加哥的冬天是出了名的冷。依然记得那天下着大雪，我们裹着稍显单薄的外套，踏着厚厚的积雪，走进K公司位于芝加哥郊外的分部。美国人开放的心态实在让人钦佩，他们毫无保留地展示了集团价值体系、治理和监管架构、风控管理体系以及审计使命和价值定位、运作机制等等。我们十分惊讶，他们仅仅不到40人的审计团队，通过基于价值、风险导向的自动化审计，为过千亿美元的多产业、多元化业务保驾护航。这一趟美国之旅收获颇丰，至今我们仍然记忆犹新。

此后，我们还陆续调研了多家世界500强企业内部审计实践。从北美到欧洲，我们确实吸收了不少"宇宙"能量。这些优秀企业的内审组织有几个共同的特点：以企业价值为驱动，敏捷应对关键和新的风险，且都十分注重人才培养和先进技术的应用。

与此同时，内部的调研也同样紧锣密鼓地展开，分别从服务文化、业务理解、风险聚焦、技术革新、人才模型、成本效率、质量与创新、利益关系人管理共八个方面进行了系统分析，指出了华为的不足，概括来说：威慑有余，促进不力；问题导向，风险不聚焦，评估不科学；人拉肩扛，技术转型不够。记得当时PWC顾问M感慨道："华为是我迄今为止在全球服务的上百

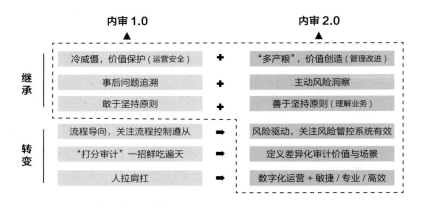

内审 2.0 变革：三个继承、三个转变

个客户中遇到的最重视内部审计的企业，公司管理层对内审有很高的期望值，而且各方面要求均高于当前业界平均水平。"

"内审 1.0 的突出方面要继承，但也不是内审 1.0 的简单延长线，而是要面向未来公司业务与风险的发展变化，系统、科学地设计内审 2.0。"项目组在充分吸收业界优秀实践、结合自身现状问题的基础上，提出了"三个继承、三个转变"的总体设计原则，并规划了面向未来的内审愿景蓝图，在 2018 年 1 月的审计委员会上汇报通过。

风险导向

变革，首先是要改变理念和方法。

顾问一开始提出要打破问题驱动、流程导向，建立风险导向的审计。当时这个观点颠覆了我们大多数人惯有的认知。我们过去难道不是"风险导向"吗？全球流程体系的建设是华为内控的底座和根基，基于聚焦高风险流程开展打分审计发现问题，流程 Owner 则针对审计发现的问题来改进控制薄弱环节，从而达到解决问题的目的，这是内审一直坚持的做法，也收到了很大的效果。

这并不意味要抛弃流程，相反华为建立的全球流程体系，恰恰是你们的优势，因为流程是风险管控不可或缺的一个要素，但这个系统也包括你们的风险治理和管理等多个方面。

PWC 顾问 M 耐心地给大家解释。

问题是一个坏的结果，已然发生，内审查或不查，早查或者晚查，它都在那里！以发现问题多少来评价这个系统是否可靠，并不科学。

风险是一种可能性，是业务创造价值过程中可能面临的挑战，或许会发生，或许不发生，而内审则是要通过评估风险管控系统的完备性、遵从性和有效性，提升风险管控系统可靠性和协同性，从而降低风险发生的可能，将风险控制在一个可接受的范围，来保障业务取得成功，这才能真正体现你们的价值，才是真正帮助业务多产粮食。事实上根据我的观察，你们已经在财报准确和网络安全两个领域做了不错的尝试，明确的基调要求，相对完善的责任体系，也很好地把管控措施嵌入你们现有的流程中，并且制定了可行的事件应对措施、问题纠偏机制，等等。这样的系统不仅没有打破你们的流程基础，相反从风险治理、管理和流程控制上做到了有效的协同。

思想的统一是变革的前提，也对后续方案的设计和落地指明了方向。风险导向的核心是把有限的审计资源聚焦到关键风险上来，同时在风险管控系统有效性的评估上下功夫。此后，变革组一方面推动公司对风险管理的关注，并在轮值董事长的支持和公司风险管理部门的指导下，各一线部门对风险进行了系统的识别和评估，这些都为后续三层防线统一风险语言打下了基础，也为内审聚焦公司关键风险提供了重要保障；另一方面，顾问重点就未来内审评估方法做了相应的改进，重新定义了内审基于风险管控的评估框架，包括基调、责任体系、诚信环境、风险的识别与评估、确定性控制（基于流程内控）和非确定性控制（稽查等纠偏措施）以及监督七个核心要素，这一框架既吸收了业界风险管理及内控的优秀理念和实践，又结合了华为的一些实际情况。

内审评估方法与框架不是一成不变的，而是要合适的。华为不同的业务在管理中学习了业界很多优秀的管理实践，包括COSO（全美反舞弊性财务报告委员会发起组织）内控及风险管理框架、IPDRR（企业安全能力框架）网络安全能力框架、IDW（德国法定审计师协会）合规管理框架等模型。其核心要素和内涵是相似或者统一的。我们要结合华为的实际，加以吸收。管理上可以"吸星大法""七国八制",但内审做评估则要有一本"易筋经"。

自2019年以来,我们开始试行新的评估方法,做了很多有益的尝试。但一个科学系统的评价体系建立是个漫长的过程,时至今日,我们依然在不断探索和完善。"道阻且长,行则将至",只要方向正确,一步一步往前走,就一定能更好地发挥审计的价值。

在这期间,我们第一次在全球范围内开展了"风险识别与评估"的审计,从而有力地促进了一层防线对风险管理的关注,自主地将相关工作纳入日常管理中;第一次在全球范围内开展了"基调、责任体系、诚信环境"的审计,发现下层组织发布的文件中,一些重要的原则导向与公司不一致甚至相冲突,另外也存在一些重复发生的问题迟迟没有采取必要的纠偏和惩戒措施,以致大家对这些问题置若罔闻等现象。这次审计也引起了公司高层的关注和触动,并专门成立了公司级改进工作组进行梳理和完善。此外,随着更为全局视角的评估推进,当前部分制度和流程的一些系统性缺陷,最典型的如企业业务存在流程责任体系不清、大量行政性文件代替现行流程和关键控制点得不到落实等现象也逐步被揭示。

"天空之眼"

方法的转变是其一,与之相匹配的能力与作业模式的转变也同样重要。

惟变所出,万变不从

任总指出：

  审计监督要成功走向科学化、程序化，看大账，提高效率……我们要能够通过阅读报表、分析业务数据识别风险异常，就像心脏要切片一样，切片对照检查后就很清楚。再把这些经验、指标设置到系统中，就自动合理了，未来确定性业务要首先实现风险自动化监控。内审要跟上公司内部管理数字化和智能化改造的步伐……

  探索数字化转型，解决"人拉肩扛"式运作低效的问题成为变革中另一个重要任务。在顾问和公司质量与流程IT部门的共同努力下，变革组提出了"一站式"内审数字化服务平台的蓝图和构想，核心要解决底层审计信息的同源汇聚、持续的风险分析与监测以及审计作业程序标准化、工具化，并最终实现面向工作场景和对象的服务集成。

  我们组建了一支专门的队伍来构建场景化的风险分析模型，摸着石头过河，先后覆盖运营商、消费者、研发和IT审计等领域，一线审计员也逐渐从大量分析性的工作中解放出来；程序标准化和自动化的改造也同步进行，RPA（机器人流程自动化）工具的开发，图像识别、流程挖掘等人工智能工具和技术的引入，审计程序中重复性高、耗时费力的工作逐步被人工智能替代；同样，一些过去依赖人为判断的审计程序，也逐步通过技术辅助来解决甚至替代。在提升效率的同时，问题的定位也更为精准了。

三层防线：华为审计监管体系纪实

记得在变革松土的时候，我们找来了加文·胡德导演的电影《天空之眼》，大家一起观摩学习。电影描述了一次反恐行动，通过全方位实时洞察、运筹帷幄的大数据分析、推演，跨时区、跨地域的指挥和协同作战，最终成功地完成精准打击。变革改变方法、平台能力的同时，作业模式的转变也成可能，审计也同样可以借助实时的风险洞察、分析，实现跨时区、跨地域的协同作业。于是我们也着手对作业模式做了新的调整，成立了BO平台，主要从风险远程洞察和分析，及时推送风险信号给一线FO，审计人员在现场快速查实，做到"远程扫描"和"抵近查证"之间协同分工。三年新冠疫情，事实上也对审计工作的开展带来了很大的障碍，而恰恰在这三年中，远近协同的作业模式发挥了极大的作用，保障了很多审计项目得以顺利开展。

随着内审2.0变革的落地，我们原来畅想的蓝图正在一步步实现，而内审的变革道路远没有走到尽头，正所谓"惟变所出，万变不从"。无论是内审1.0时代、2.0时代或者未来的3.0时代……随着业务的变化、理念和技术的革新，我们必须不断适应和改变自己，但唯一不变的是：在变化中始终坚持我们存在的价值支点，那就是为业务服务，成为公司价值的守护者，支撑业务多产粮。

惟变所出，万变不从

从单兵作战到支撑群体作战

李海平　王润生

内审人独立但并不孤独,从最初每个人在项目中摸索、单兵作战,到总结经验形成团队智慧,将方法、程序固化再优化,建立能力平台,促进团队快速成长,专业能力迅速提升。

从"海平法"到"武林秘笈"

2013年9月,距离我首次外派非洲已经大半年了。由于针对员工个人违反《华为员工商业行为准则》(BCG)经济类问题的海外舞弊调查刚刚起步,从"零"开始,单兵作战的我,工作开展跌跌撞撞,充满曲折:

4月,项目组开展了海外N国的第一次聆讯,却因为当地 HR 主管临阵倒戈，首场聆讯惨遭折戟。

6月，我们项目组遭到了被调查对象的打击报复，对方向当地相关机构恶意举报，以莫须有的理由将项目组人员强行带走，虽然第二天就被当场释放，但项目被迫暂停。

9月，震惊世界的内罗毕 Westgate 商场恐怖袭击事件发生，我外派随行的妻子在内罗毕独自守着孩子，而我当时出差在外，听着电话那头妻子的哭诉，以及背景中不时传来的直升飞机的呼啸声，实在放心不下家人的安危，匆匆赶了回去。

这大半年几乎是我人生中的至暗时刻，与来海外之前的"人生巅峰"相比简直形成了巨大反差。前两年在国内我不仅被评为金牌个人，各种奖项拿到手软，还被大家冠以部门"小钢炮"的荣誉称号。回望海外大半年的一次次失败和挫折，我有点质疑自己是否适合海外舞弊调查，感觉人生就像坐过山车一样，前一刻还在巅峰，下一刻就跌入低谷，这滋味真不好受。工作还是要继续，我也更多去反思：方法、语言、法系、处理程序……尝试去找到海外工作制胜的法门。

合作、协同让我们打开胜利之门

2014年初，在一个本地员工侵占纳税款的舞弊案件中，需要对其聆讯后移交司法机关。针对接下来的聆讯，我头脑里不停回放当初在 N 国失控的聆讯场面，内心开始犯怵。也许上天还是比较眷顾我吧，伴随着英国 COE（能力中心）在各个区域落地项目，他们派出了一名从南非赶过来的本地专家参与到项目中来。我依然清晰记得第一次的碰面,她就给了我一个热情的拥抱。伴随着第一场会议的结束,我心里的石头落地了!

在跟当地 CEO 达成共识后,我们跟业务主管仔细推演和模拟了聆讯的操作程序,为了遵从当地法律法规,又跟本地新的 HR 主管以及公司相关同事进行了深入的交流,获取了对方的认可。一个由业务主管、HR 主管、法务、审计等组成的聆讯委员会迅速成立,并针对聆讯程序和聆讯过程,大家反复模拟和推演。我在前期准备了充分的证据,配合本地调查员做专业有效的聆讯和沟通处理后,一切水到渠成,成就了我们区域海外第一个胜诉的司法案例。

第一次和"同盟军"合作的成功来之不易。我们项目组迅速针对非洲 30 多个国家的劳工法进行了梳理,总结出一套针对各个国家的聆讯操作指引、规范操作程序和注意事项。这样,我们在相应的国家对员工违反 BCG 的调查都可以在该指引下,合法合规地开展聆讯或移送司法部门。项目组也向公司输出了海外"1+1"(1 名中方员工与 1 名本地员工)配置的作战模式,成为全球海外调查团队搭建的标配。小小的成功,让我彷徨的心开始坚定。

领导提议就叫"海平法"

但面临 N 国错综复杂的关系和信息,我依然焦头烂额。在一次与亚太团队的交流中,有一句话引起了我的共鸣:当你发现大量的正向分析毫无收获时,那么就反过来查!对啊,我为什么不反过来调取信息呢?经过大量的模拟和尝试,我终于搭建起一套获取并分析关键信息的模型。这一方法迅速让我找到了涉及多人舞弊的大量关键证据，看来 N 国的项目终于可以破冰了！后来这一方法在海外区域得到应用和推广，领导提议就叫"海平法"！

在代表处的全力支持下，我针对 N 国多名本地员工违反经济类 BCG 行为展开取证，使一个涉及采购、HR、行政、交付、财经多名人员的侵占及受贿问题逐渐清晰。同时，我开始不断建立 N 国的违反经济类 BCG 行为"调查生态"：与本地调查专家一起，联合本地法务团队，不断拓展强有力的律师事务所，专业的团队输出专业清晰的证据链条。这成为该国第一个受理的非公职人员受贿案件。记得当时肆虐的埃博拉疫情蔓延到了 N 国，而隔离医院距我们宿舍只有 200 米，但我们并没有退缩，先后将涉及舞弊的人员聆讯开除并移送司法部门处理。

从遭受挫败到项目成功，离不开项目组不断在失败中总结经验和方法，离不开周边资源的合作和区域生态环境的建设。随着查实问题的不断扩展，公司组织各地区部开展专题研讨、全员教育和管理改进。

我们深知，查实案子不是主要目的，最主要的是在本地建立对违反 BCG 行为的威慑，引导员工聚焦工作。我们借鉴国内外一整套防治舞弊的方法，联合业务在 N 国建立起一个内部防腐反腐的预防机制，并逐渐在海外各代表处践行。

多年后重返 N 国，2018 年的夏天，我再次碰到这位当地 HR 主管，他非常高兴地握着我的手说："Everything changed, thanks for your job（一切都变好了，感谢你的工作）。"

第一本海外"武林秘笈"

根据海外当地合规的要求，公司提出"一国一策，一国一威慑"的方针，内审部开始建设"一国一指引"，来落地公司的要求，这刚好跟我们一直在探索和思考的如何把N国的成功经验变成组织能力对应上了。

2016年下半年，针对这个问题，我们分析了当前的痛点和短板：第一，缺"传承"，亟须打造海外调查的一本"武林秘笈"；第二，缺人，缺乏会说当地语言和熟知当地法系的专业调查人员。

为了明确劳工法的一些程序条款，法务团队带着我们多次造访仲裁庭和法院，仔细敲定每一步的正确操作细则和边界。为了摸清楚与舞弊相关的经济数据基线，财经内控的同事也不厌其烦地为我们确定各项数据。我们更是对多年来的几十个案例进行深入剖析、总结与复盘，以N国为代表，创建海外第一个国家调查指引。

经过大半年的招兵买马，我们初步搭建了"4+4"的团队。团队的成长、区域调查的专业能力和区域架构的建设，成为急需探索的课题。我们在项目中、实战中迅速成长。

在E国，为准备与供应商的沟通，我们跟两名D国本地调查员经常研讨到深夜。有了充分的准备，我们才能过五关斩六将，让供应商配合我们的司法行动。在S国，历时半年，我们一起跟业务高层研讨，一起喝咖啡，一起度斋月，终于以专业方式说服相关人员，配合司法，才有了公司第一起渠道业务的海外司法成功案例。在C国，时间非常紧急，本地调查员历时一天终于说服了供应商完全配合并提供相应的证据，却发现案件需要的却非此供应商时所有人都抓狂，但大家又迅速冷静，紧急重新分析，重新锁定供应商，在最后时刻说服对方提供了关键证据，才有了公司第一例"红通"司法成功案例。

随着各类司法案件的成功，我们开始摸索建立片区全领域、跨法系、跨国家、跨员工种类的调查专业能力架构；集合本地调查员和律师事务所的智慧，海外调查的第一本"武林秘笈"终于在我们区域诞生了。团队快速成长，专业能力迅速提升，一个能够支撑整个区域舞弊调查的平台逐步成型。

回首海外六年，在每一个需要死磕的节点上，绝不放弃，针对一个个不确定的摸索总结进而找到确定的方法，我们终于实现了从单兵作战到平台作战的华丽转身。

（李海平，2010年加入华为）

为业务健康发展保驾护航

2017年元旦，巴西还沉浸在圣诞长假之中时，我收拾完行李，登上航班，告别工作三年的拉丁美洲，奔赴亚太，开启了又一个三年的外派之旅。

构筑区域风险防范与舞弊防治的一张网

当时公司及内审部对海外区域内审的要求，是在区域构筑风险防范与舞弊防治的一张网，做到重大风险不遗漏。拉丁美洲区域的业务主要集中在B国与E国及T与A两家电信运营商。

以这两个国家及两家运营商为抓手，就覆盖了拉丁美洲主要的风险。我们摸索梳理了这两大运营商的交易模式，并对 B 国与 E 国建立了风险地图，每隔半年刷新一次，基本上做到了及时识别、预警拉丁美洲的主要风险。

但 2017 年我到亚太时继续承担审计领域组长的职责，面对数倍于拉丁美洲的业务，顿感"压力山大"。亚太那几年业务蓬勃发展，所面对的不仅是陌生的国家，也有众多全新的业务场景。由于亚太各个国家差异大，对主要国家定期审视风险管控状况尤为必要。

2017 年年中，我参考在 B 国与 E 国两个国家维护风险地图的方法，与团队成员一起探讨并制订适合亚太国家的风险分析模型。基本的思路是对主要国家设立风险地图维护小组，小组由三人组成，每个人按其专业方向分别负责运营商、企业及终端的风险地图维护，并选其中一位为国家风险地图小组组长，负责组织小组内研讨及接口代表处 CFO 及内控等日常的交流，风险地图每半年例行刷新。

这项工作很有价值。比如，2018 年年底，在例行进行国家风险地图刷新时，发现 L 国数字营销费用在一年内从 300 万美元增长到 1000 多万美元，规模及增幅均居亚太首位，但承揽该业务的供应商是一家规模很小且是新被引进的供应商 M；基于这些因素，我们将 L 国数字营销列为首要的业务风险，并将 L 国的终端审计列在年度规划之中。后续在与地区部稽查及代表处的日常交流中，L 国风险地图小组进一步获悉该供应商向华为申请付款时，没有资源方的关键信息如发票等。考虑到这些风险信号，我们提前启动了对 L 国数字营销的专项审计，结果发现供应商 M 通过修改单据等方式，向华为多索要×××万美元。后续经过代表处、地区部等共同推动，供应商 M 最终同意将上述多索要的款项全部退还。

针对亚太业务形态多样、纷繁复杂的特点，如何加强队伍建设，有效发挥团队的优势，打造一支有战斗力的审计队伍，也是当时面临的迫切问题。我逐一了解每位成员的想法和困惑，通过大家的集体智慧，达成了共识：走专业化路线。每个成员先聚焦在一个领域，熟悉该领域的流程、规则及业务逻辑，不断地积累对业务的理解；聚焦该领域开展审计，持续通过项目实践，成为该领域的审计专家。根据当时海外代表处的实际业务情况，设立运营商、企业及终端 BG 三个领域，结合团队成员过往的项目经历及自身的素质模型，为每个人打上领域专业标签。

团队成员按专业化运作后，在深入发现内控风险方面渐显成效。如团队成员小许专注于运营商业务领域，在 S 国项目审计中，经过数据分析与评估实际管控后，确定将订货数据真实性作为审计关注的重点，最终发现累计×亿美元的虚假订货。由于数额巨大，引起地区部与公司的高度重视，并触发公司订货确定规则的讨论与修订。小许在后续项目中不断积累，成为运营商销售领域的审计专家。

通过将团队成员按专业维度分工，明确识别专业领域风险，构筑了风险识别的"经"，再按国家维度，明确国家风险地图维护责任人，构筑了风险识别的"纬"，"经"与"纬"的结合，共同编织出一个风险识别的网。除上面提到的 S 国订货及 L 国终端 Marketing 部门外，先后主动识别并预警新业务（如 VAS 领域）的合作伙伴引入、收入真实性、企业业务审货等重大风险，实现了未遗漏重大风险的目标。

转身 BO，将个人能力与经验固化为组织能力

2019 年年底，我结束六年的外派生涯，回到机关，接口采购、后勤和基建领域审计，在上述领域揭示了多个重大风险并推动业务改进，获得 2020 年度内审总裁个人奖。2021 年 8 月，公司考虑到我多年的审计项目经验，让我负责综合与软采购领域的 BO 建设。我考虑到这是个可以将个人能力与经验进行系统性总结并固化为审计方法的岗位，欣然接受了这项任务。

综合与软采购 BO 岗位，主要负责公司的 Marketing、人力外包、综合采购、后勤与基建等机关平台业务的审计数字化、智能化建设。通过设计相应的 KRI（关键风险指标）、模型及 IT 工具，自动化扫描并揭示内控风险，提升内审部整体的审计能力，并改变以往"人拉肩扛"的项目运作模式，提升审计效率。我到这个岗位后，对所接口的业务做了初步分析，发现 Marketing、综合采购等业务随着公司销售收入的下降，整体呈现大幅度下降的趋势，但人力外包业务多年来一直维持高增长。再进一步了解，我发现人力外包整体上缺乏统一的行业管理，存在部分政策不明确，部分部门为规避自有人力预算的限制，将自有人员转人力外包等情况。

考虑到这些因素，2021 年下半年，我将人力外包列为综合与软采购 BO 重点建设领域。在 2022 年度审计规划中，在公司

全球范围内策划的 30 多个项目中，从人力资源管理及采购两个维度，系统审视人力外包管控机制上的缺失。

为支撑上述 30 多个项目的开展，我带领 BO 团队成员于 2022 年年初对人力外包的各子场景梳理出关键控制点，并对每个关键控制点拟制了测试方法、程序及相关案例，优化及新建 56 个关键风险指标。如在不可外包岗位上，将不可外包岗位的关键描述纳入数据库，再从发布的人力外包岗位职责描述中按关键字搜索、匹配，自动筛选出疑似不可外包岗位而外包的风险清单，由项目组进一步核实，准确率达到 30%。

经过 30 多个项目的审计，揭示人力外包岗位需求不明确、不可外包岗位而外包、海外引入关联人力供应商等管控机制上的问题。项目阶段性成果得到公司高层领导的认可，并要求将审计所揭示的问题作为人力外包变革项目的输入。2022 年年底，公司决策在人力资源部下新设立非雇员管理部，统筹负责公司全球人力外包相关政策、流程与制度的制定，解决人力外包业务在公司层面行管缺失的问题。

综合与软采购 BO 包含的业务类型多，在基建、后勤及 Marketing 等领域，大量数据是非结构化的，不能直接用于数据分析。如何解决这些非结构化数据，提升审计数字化与智能化，仍是目前面临的挑战与困难。但这也给了我加强数字化能力的机遇，秉承华为内审孜孜不倦的求索精神，砥砺前行，一定能助力内审更有效、更深入地评估内控风险，为业务健康发展保驾护航。

（王润生，2004 年加入华为）

数字化、智能化审计新篇章

张文昊　邓一达　戴　斌　江功镁
孙化石　叶郑彦　董　为

我们在交流审计工作的感受时，大家脑海中蹦出来的词居然很多是"搬砖"！为什么一个专业的工作让大家先想到"搬砖"了呢？这和传统审计项目的开展模式有关，过去我们做项目都要靠人到现场收集数据信息，再用 Excel 整理好，然后一轮轮推演数据和逻辑，为了把看到的风险点打破砂锅测到底——查清楚，只能加班加点地苦干，就似不停地搬"数字砖"。

2009 年孟加拉国华为某审计项目，为了核实加油费亏空的问题，我们对几百台不同型号油机的加油和用油数据一一手工核对，再加上没有准确的停电小时数和油耗，不同逻辑下进行统计比较的差异很大。每一次测算，Excel 都要跑很久，经常不知不觉就到了深夜一两点。2017 年阿尔及利亚国华为某审计项目,为了验明印章真伪,我们打印了厚厚一摞从各种文档抠下来的各种印章,几个人轮番上阵,用我们戏称的查章法宝三件套"尺子、圆规、铅笔"反复比较,功夫不负有心人,最终从一个章的阿拉伯语字母拼写顺序不对找到了突破口。项目很成功,但用项目组一位成员的说法是"对章费眼睛,项目做完我的眼镜度数又加深了一百度"……这样的事情在我十几年的审计生涯里可以说比比皆是。当时我就经常想:什么时候能从这些重复的手工分析中解脱呢!

2019年11月,审计项目模式变化的时机来了!

为匹配业务发展,经公司授权在内审部质量与运营部下设立 Back Office 模块(后台支撑模块),负责审计后台远程集中共享的数据获取与分析、非接触性的风险分析、测试与评估以及能力建设。至此,审计项目从"单打独斗"转变为"BO 全量扫描提供风险信号和测试样本 +FO 现场验证闭环"的合成作战模式,我们开启了数字化、智能化审计建设旅程。

打通权限和数据的权限通道,构建审计数字"黑土地"

内审 Back Office 成立,并不是从"零"开始做数字化建设,而是深度依赖于公司数字化建设进程的。公司有几千个业务作业应用系统,保证关键业务运作的输入输出信息都在 IT 上承载,而且 2017 年公司质量与流程 IT 部开始数据治理,经过几年建设,数据的质量越来越高,这些是内审数字化建设的源头。此外,GTS(全球技术服务)共享中心等已经在数字化建设的领域起步，是可以借鉴的他山之石。

没有肥沃的黑土地就无法种出好庄稼，起步阶段我们也面临两大难题：一个是如何让内审人员高效获得应用系统的权限；另一个是如何有效地获取、分析、存储、保护公司数据。正所谓"想要富、先修路"，打通各类信息系统权限和数据通道是内审数字化转型的先决条件。

梳理内审常用业务信息系统权限，支撑审计人员可以独立、高效获取权限

依据公司授权，"为内审项目需要，在批准的范围内有权不受限制地对所有部门、记录、资产及人员进行审计"。开始阶段，内审想打通所有信息系统的权限，几乎是不可能的。面对公司上千个信息系统，如果由内审进行 IT 集成，不仅成本和周期难以承担，后续上千业务信息系统的变更内审也难以运营，行话叫 ROI（投资回报率）太小。

内审的核心价值之一是促进业务管理改进，我们时刻不忘本职使命。经过深度的业务分析，权限不分层，不能基于岗位自动授权权限，不仅是内审的诉求也是业务的管理痛点，经多方沟通和推动，促成内审和业务双赢。公司变革指导委员会签发文件，要求在公司层面解决"基于岗位、基于场景进行权限的自动授予"，新建公司信息系统权限的统一管理平台——"门神"，内审打通权限看到了曙光。

为解决权限问题，内审部加强与公司流程 IT 部门沟通和协调，确定审计权限和边界，并确保审计人员可以基于专业角色

开展工作。其间经历了海量的沟通、澄清、反复推动等,几乎所有的内审专家均参与到标准梳理中。历经半年时间,针对内审常用的业务信息系统,以"门神"为中间桥梁,实现信息集成和互认,在审计项目立项时,依据审计程序实现自动、实时授予权限,自动授权。

建立多种数据获取通道,为内审数字化转型打好基础

通过大数据审计平台将审计模型固化,选择适当的可视化形式将数据中蕴含的语义特征生动直观地展现出来,将审计数字化模型嵌入可视化工具之中且兼顾"明细穿透",用以支撑结果可视化,使得审计人员能从"宏观"和"微观"角度全面评估业务风险,提升审计效率与效果。

华为公司已经启动信息架构和数据质量治理多年,基础较好。然而,在实际操作中,由于各种原因,数据采集和分析也会遇到许多困难,包括数据质量和准确性问题、数据存储和处理问题、数据分析和挖掘问题、数据安全和隐私问题、数据可视化和呈现问题等。通过反复探索和总结,内审设计了六种数据获取通道,包括数据中台通道、交易系统通道、公有云通道、非结构化数据通道等,对例外场景还允许手工补录数据通道,综合利用各种通道让"大数据审计"有了保障。

其中,内审工作的特点涉及大量的"非结构化数据",如验收的 PDF 文档、照片、合同和发票的扫描件等,无法批量使用大数据手段分析,非结构化数据定位和寻源也需优化。在内审推动下,平台引入 OCR(Optical Charactor Recognition,文字

识别)、NLP(Natural Language Processing,自然语言处理)等技术结合 AI 能力,把"非结构化数据"的关键信息在一定程度上结构化解析,支持批量数据分析、挖掘,精准发现控制缺陷。

内审使用数据和权限要有边界和纪律

随着公司业务量增长,大量权限及海量数据获取成为常态化,如何在内审场景中应用海量数据的同时保证信息安全是必修课。《内审人员行为准则》要求,内审人员应严格遵守公司规章制度、正直客观、保密、胜任。在此基础上,针对大数据获取的权限场景,梳理了数据和权限的使用管理机制。基于工作需要、范围最小、审批受控和及时释放的原则,以及相应的申请审批机制,通过 IT 技术落实管理,确保审计使用权限和数据规范性。

经过两年多的耕耘,我们完成了六大专业领域布局,在解决权限的基础上,配合各种数据通道获取准确的数据,形成审计的数据"黑土地"。

聚焦主业务场景,垄高畦低种好菜

明确建设路标(垄畦)

BO 建设之初,我们明确要聚焦主业务、主场景,集中优势兵力,"力出一孔"。

一口吃不成胖子,"想法是美好的,但现实很残酷"。我们遇到雪片般的需求涌入后,从哪里开始优先建设成为问题,为解决这个困惑，我们对标优秀实践——IPD 流程，通过对 IPD 流程中需求管理、路标设计和产品测试等模块的反复学习，确定了审计数字化路标建设思路：审计数智化建设要聚焦关键风险，同时还要评估业务数字化的准备度，要明确建设优先级标准。"优先建设重复性多、覆盖范围广的工具，面向全球审计项目提供支持；优先对准审计流程（自动化 PDRA、审计程序 IT 化、高风险样本抽样等）开发标准化产品"，要有需求评审机制，要评估建设投入产出比。2020 年 5 月，我们顺利完成各领域建设路标评审，大家开始撸起袖子加油干。

风险场景化切片，业务与 IT 共建 KRI 和模型

运营商业务是华为的基础，针对运营商业务的审计也是我们的"看家本领"，运营商业务的数字化审计是最早的"开荒"。

万事开头难，一上来我们就遇到了"当头一棒"，因为运营商业务的场景太多、太复杂。比如同样是站点设备安装，站点的配置不同，需要的交付内容就不同；项目不同，采购语言也不同；具体要跟分包商交付什么东西，需要基于站点勘测和设计等才能做出判断，所有这些都不是结构化文档；还有很多业务在系统中只有分包条目，没有可调用的业务数据供关联分析。哪一个风险指标能够准确地识别风险呢？

这就需要我们打破固有的思维方式，改变自己的想法。既然我们无法让风险指标像人一样去思考和判断，那就沿着业务管控的逻辑去开展分析，去识别逻辑上不符合，或者从业务上讲自相矛盾的数据或业务，至于实操中这种逻辑冲突或者业务

冲突是否真的意味着真正的风险，还是有特定的业务背景作祟，导致看起来是冲突但实际是合理的，需要审计员的现场判断，厘清关系。

以运营商交付为例，我们沿着交付服务产品的组合、工程采购的八大品类中的五十多个子品类去解剖，识别哪些业务场景的数字化程度高且数据可消费，哪些场景的数据颗粒度粗，数据分析不能有效解决风险识别问题，通过思维导图的方式构建框架，推演分析逻辑等。

比如，我们要在几十万个交付分包数据中快速识别给供应商多支付费用的记录。费用多支付主要的产生因素有需求本身不真实，或者是同样的交付任务重复下发 PO，又或者是供应商在未完成交付时就已经验收付款但后续因为项目变化导致需求取消，但钱已经付了，如此等等。对于无线站点设备安装来说，这个逻辑相对好实现，我们通常知道一个无线站点的安装需要经历站点工勘、物流正向运输、设备的安装、调测、网络优化以及设备的逆向运输等，如果一个无线站点只有物流运输的服务条目，但在该站点下没有设备的出库记录，或者没有硬件的安装记录，往往就意味着风险。于是，我们就该场景设计了一个有物流运输条目但无设备出库或安装记录的风险指标。又或者在 PO 下发的系统中显示有给某分包商下发 PO 且已经验收的记录，但从作业系统中显示该站点实际是由其他分包商完成的。这也意味着风险，凭什么你没有干活就有钱拿？于是我们就该场景设计了一个有分包 PO 但无分包交付记录的风险指标。

指标的业务逻辑设计只是风险指标开发的第一步，还需要开发、测试、验证和优化。在指标开发的过程中，遇到的第一件事情就是"鸡同鸭讲"，审计人员说的话 IT 人员听不懂，业务逻辑他听懂了，但是由于他不知道我们的数据表中的各个字段的含义，他不知道要如何关联、如何设置限制条件等。为了让我们的沟通能够同频，我们开始学习数据库语言。加上原先在"开荒"过程中熟悉了表结构、字段等相关关键信息，在经过一两个月的磨合后，我们基本能够顺畅沟通，对于业务逻辑的输出基本上能够到开发文档的程度。IT 人员只要照着文档写代码就可以了。在此过程中，IT 开发的小伙伴教会了我们很多 SQL 语言（结构化查询语言）的常用写法，让我们能够根据自己的需求去写代码，去试错，最终形成比较可靠的业务逻辑和 IT 语言逻辑。

经过努力，在运营商审计领域的"菜地"里，长出来了多个维度应用于不同场景的"蔬菜瓜果"，比如，工程供应商招标至截标时间段且供应商独家中标、供应商开工时间早于合同签订或招标完成时间、站点收入确认或 PAC（初验证书）后仍下发分包 PO、分包商无交付记录但有分包 PO 且验收、某站点只有运输或物料 PO 但无工程交付服务 PO 或某站点有设备安装服务 PO 但该站点下无设备、优惠扣减与合同注册时间跨年等。

从"百花齐放"到"乐高积木"，标准化建模组合应用

随着 BO 各领域人员的努力投入，一年左右的时间，内审数字化建设已初具规模和成效：内审的风险指标、风险分析模型和自动化工具建设数量均实现翻番。更可喜的是，FO审计人员对数字化支撑效果的满意度反馈也显著提升。

随之而来，问题也开始暴露。在BO内部，不同领域的同事交流时，大家经常发现说法不一致："研发和生产采购审计领域的风险指标和我们的风险指标长得不一样？""你说的风险模型和我理解的好像不是一回事？"对于FO审计人员来讲，由于涉及不同领域的审计，需要使用不同BO领域开发的数字化工具，不停地在不同领域之间交叉，而每个领域数字化工具的展示方式、使用方法都存在差异，导致FO审计人员脑袋里都是大大的问号，甚至有同事抱怨说："如果要花这么多时间去学习不同领域的数字化工具的使用方法，还不如不用工具，我自己手工做了。"

"有问题，找根因"，这是审计人员的基本功。为什么会出现这种五花八门的情况？其实原因并不复杂。就是在最开始BO建设的时候，由于大家都没经验，采取的是"百花齐放"的方式，让各领域自由发挥，而每个审计领域专家脑子里都有各自对风险指标、模型相似而不一致理解，甚至都不清楚指标与模型的区别。比如，同样对于风险指标和模型，有些领域是采取"串行"逻辑逐层排除筛选，有些是"并行"逻辑给指标加权叠加的，有用单个数据字段做指标，也有走"巨无霸"模式的。而由于未对审计风险指标和模型做清晰、统一的定义，既未编制标准化的指标和模型字典来装载内核，也未设计相应的开发和应用流程来厘定外延边界。这给后续的迭代和维护带来不少的困难，导致在快速灵活地响应需求、迭代指标时，对数据探针、数据源的选用和阈值设置容易造成混乱，影响开发质量。同样，这也无法实现层间解耦，影响开发效率和运维。现在想想，还真是任总说的"一群土八路，揣上两颗手榴弹就钻进了青纱帐"的大无畏。

原因分析清楚之后，我们开始了"由乱到治"的过程，组织 BO 全员开放学习，去理解数字化的规律、规则，慢慢知道了模块化、积木化等重要概念。在《华为的数据之道》的序言中，质量与流程 IT 部总裁陶景文提出："华为的数字世界内容无外乎就是业务对象、业务过程和业务规则。"

我们将审计自身看作一个独立业务，从数字化的视角去理解它的对象、过程和规则，并运用"模块化、积木化"等数字化的专业方法和理念，将我们的数字化工作引向正途。

我们梳理了风险到模型、模型到指标、指标到风险的三角循环关系，通过八个"核心要素"来保证每个 KRI 的唯一性，还设计了丰富的"管理要素"来支撑对 KRI 的运营管理。依据定义我们设计了《审计 KRI 字典》，为内审核心数据资产的结构化提供了条件。我们编写了配套的开发与应用指导书，明确了 KRI 的运营规则和责任主体，并上线了"内审 KRI 管理平台"。打好了"KRI 积木块"的基础后，我们接着定义了审计风险分析模型的类型、层级、权重、对象等重要概念，初步设计了模型字典，各领域完成首轮模型结构梳理，模型管理平台也即将上线。

做好了标准化，审计数字化的建设效率和质量就有了抓手。现在，面对复杂多样的风险场景和 FO 的需求反馈，我们已经逐步能够通过底层"积木块"的灵活组合快速响应，审计数字化建设走得更稳健了。

火眼金睛、不用休息的"审计机器人"

作为一名审计人员，如果你没有经历过在漫漫长夜里眼睛充血、披着毛毯、一手拿着咖啡、一手拿着鼠标，非常有节奏感地点击、点击，下载一个个文档，翻阅一个个网页……那么你的审计生涯是不完整的。然而可怕的是，每个审计项目至少有几天都在干这些事情。

BO 建设之初，怎么解决审计人员重复劳动的问题就纳入建设路标，2018 年 11 月 RPA 机器人被正式引入审计试点。早已按捺不住的 FO 审计人员提出了各种需求：文档下载、信息收集、底稿编写……强大的 RPA 功能让试点很成功，顺利进入正式建设。我们一边参考业界、一边参考华为实践，不断摸索，陆续解决了机器人长时间运行的可靠性、大规模集群化运营等难题，逐步打造出一支能征善战的由上百个机器人组成的"团队"。

装上一双"火眼金睛"。"发票，发票，要不要发票"，去过华强北的小伙伴肯定对这句话耳熟能详，而发票真伪辨别成为审计人员外勤阶段的一大挑战。增值税发票、机打发票、电子发票等，五花八门，验真有国税局、地税局等网站，一张发票需要输入发票代码、发票号码、识别码、日期、含税和不含税金额，任何一个错误就会导致验真失败。每每在锁定风险的关键时间，就得通宵加班验票。做完项目，发现有一大块时间都耗在了录入数据、手工网站验真操作上，对生理和心理都是一种折磨。

老革命遇到了新问题。RPA机器人能不能再次成为灵丹妙药？答案是肯定的，但光靠RPA可不行。为了解决这个难题，我们联合了公司的AI团队，通过"RPA+AI"组合，实现了发票从下载到扫描验真的全流程自动化。每个审计项目从原来的15人天脱产录票及现场验真，缩短至"RPA+AI"用3天自动化扫描验真及1人天核对结果，极大地解放了生产力。

在尝到甜头后，我们又相继引进了印章真伪、图像文本识别和图像相似比对等AI技术，为RPA机器人装上了一双"火眼金睛"。比如面对终端营销验收材料中成千上万张照片，依靠审计人员的眼力和记忆力去找中间是否存在PS或者重复图片基本是不可能的，而RPA机器人能通过识别验收图片、印章判断是否存在重复验收和虚假验收，全量扫描1亿多次，让审计人员从一目十行到一目亿行。

经过三年多的努力，我们有了160多个机器人，它们成为审计员们爱不释手的爆款武器。同时，我们也深深感觉到RPA在审计领域还有很长的路要走：超自动化已经被Gartner连续三年列入未来的技术趋势之一；在公司内，明确提出了连续性审计的方向性要求；各类AI技术日新月异，审计自动化测试机器人初露锋芒……未来，RPA不但有勤劳的双手完成重复工作，还有犀利的眼睛审视各种文档，聪慧的大脑进行推理思考，甚至还有RPA指挥官组织协调各类型的RPA，和审计人员一起，共同为守护公司的最后一道防线而并肩作战！

我们还在路上

经过几年的数字化、智能化审计建设，不管是审计效率还是审计效果，都有了大幅的提升。打分评估审计项目的现场周期从之前的8周缩短到4周至5周，每年审计能覆盖更多的业务单元，系统威慑的效果更加凸显；全球订货收入审计从之前每年春节期间投入几十个审计人员加班加点三个月，到现在FO只需投入十几个人用一个多月的时间就能完成，而且从"抽样检查"变成了"全量扫描"，审计质量更有保障……

我们已经尝到了数字化、智能化审计的甜头，更加坚信这是一条正确的道路。因此，我们时常也会畅想，在这条道路的更前方有什么等着我们：

早上你一打开电脑，全球风险情况一目了然，数据分析平台会跳出新的风险预警，当然你还会看具体的风险信号以及高风险样本；如果你要对该预警进行测试验证，相关的测试方法、模板及工具早已全部准备就绪，你要做的就是点击几个按钮，自动化、智能化工具开始7×24小时运作，你所需要的只是等待，然后测试底稿和初步测试结论就都完成了。

当然，你还得和相关的业务人员去沟通、确认。这可能是你以后最主要的工作量了。不过由于风险模型以及智能化工具的精准，测试结论的可靠性大大提升，业务人员确认审计发现事实不再那么困难，或许一杯咖啡还没喝完，问题已全部确认。

当你开始拟制审计报告时，系统会自动生成审计报告初稿，而且系统会提示你此类审计发现的标准描述方式，你会发现审计报告也没那么难写了。整个审计工作"更快、更准、更全面"，也"更轻松"。

未来已来，数字化、智能化审计的浪潮已不可阻挡。